잔느 기욘의

변명 그리고

하나님께로 가는 길

잔느 기욘의 변명 그리고 하나님께로 가는 길

초판 발행 · 2007년 1월 30일
재판 2쇄 · 2024년 8월 8일
저자 · 잔느 기욘
역자 · 엄성옥
발행인 · 최대형
발행처 · 은성출판사
등록 · 1974년 12월 9일 제9-66호
주소 · 서울시 강동구 성내동 538-9 은성빌딩 5층
전화 · (031) 774-2102
이메일 · espub@naver.com
http://www.eunsungpub.co.kr
ISBN: 979-11-92914-40-4 93230
Printed in Korea

The Justifications

&

The Way to God

by

Jeanne Guyon

목차

* **역자 서문**   7
* **변명**   17

1. 포기 중에 가장 담대한 포기는 무엇인가   19
2. 복된 겨울   22
3. 정적 속에서   28
4. 자아에서 오는 갈망과 하나님에게서 오는 갈망   30
5. 주님의 것이 우리의 것   37
6. 단순함의 힘   40
7. 많은 사람들이 가는 길   43
8. 하나님은 하나님 안에서만 발견할 수 있습니다   51
9. 자아에서부터 하나님에게로   55
10. 이 모험의 출발점   60
11. 영적 중독, 명성 그리고 십자가   65
12. 영혼의 어둔 밤   68
13. 이것을 경험하는 사람들은 적습니다   72
14. 배반이 아닐 수도 있는 배반   74
15. 하나님의 계획   76
16. 고난에 앞서 계시가 주어질 때   81
17. 영혼의 신랑에게 문을 열어 줌   88
18. 참된 의는 오직 하나입니다   89

19. 화재가 발생하기 좋은 상황	91
20. 어두움과 하나님의 임재	93
21. 내면의 상처와 외면의 상처	96
22. 박해의 네 가지 근원	98
23. 하나님의 질투	100
24. 자유의지와 참된 생활	102
25. 내면 생활의 완성	106

* **변명의 단장들**	110
* **하나님께로 가는 길**	121
제1부 하나님께로 가는 여정	123
제2부 하나님과의 합일	151
* **잔느 기욘의 금언**	165
1. 잃었던 것들을 다시 얻음	167
2. 멸망과 죽음	169
3. 사랑은 지식을 낳습니다	171
4. 감추인 만나	171
5. 하나님께 맡기십시오	181
6. 광야 생활	183
7. 길과 진리와 생명	187
8. 다볼산과 갈보리	191
9. 하나님의 안에 하나님의 그리고 하나님을 위해	197
10. 조심해서 판단하십시오	199

역자 서문

마담 기욘

잔느-마리 부비에 데 라 모트 기욘Guyon, Jeanne-Marie Bouvier de la Motte; 1648-1717이라는 긴 이름의 마담 기욘은 1664년에 나이 차이가 많은 부유한 남자와 결혼했으나, 1676년에 사별했다. 그녀는 독서와 경험을 통해서 얻은 영적 가르침을 알리는 일에 헌신하려는 소명을 느꼈다. 제네바의 주교는 처음에는 그녀에게 우호적이었지만 곧 적대적으로 변했다. 그러나 그곳과 사보이에서 그녀의 영향력은 커졌다.

1685년에 그녀는 몇 년 전에 저술한 Moyen court et très facile pour l'oraison을 출판했다. 1686년 이후, 그녀는 파리를 중심으로 활동했다. 그녀는 자신의 지도자인 페레 프랑

소아 라콩베 신부와 함께 파리로 갔다. 파리의 대주교는 조카의 아들과 기욘 부인의 딸의 결혼이 성사되지 않자, 정적주의라는 혐의로 두 사람을 감옥에 가두었다. 라콩베 신부는 1687년에, 기욘 부인은 1688년에 투옥되었다. 기욘 부인은 Maintenon 부인 덕분에 석방된 후에 페넬론을 만났으며, 페넬론의 일생에 큰 영향을 미쳤다.

모든 사람들이 형식적인 목표나 구분 없이 하나님에 대한 순수한 관상에 이르는 쉬운 기도 방법을 사용할 수 있게 하려는 갈망, 그리고 자신의 판단이 옳다는 확신과 자신의 사명에 대한 확신 때문에, 사람들은 그녀를 의심하고 질투하고 반대하기 시작했으며, 그것은 그녀의 가르침을 정죄하는 결과로 나타났다.

기욘 부인은 1703년까지 바스티유 감옥에서 지냈다. 말년에, 그녀의 영적 영향력은 그녀를 계속 지지하고 그녀의 가르침을 소중히 여긴 가톨릭 신자들뿐만 아니라 개신교인들에게도 전파되었다. 기욘 부인은 그녀의 글들과 충동적이고 과민하며 때로는 유치하기도 한 성품으로 인해 불리한 평판을 받기도 했지만, 그녀가 평생 동안 나타낸 진정한 인내, 체념, 사랑을 간과해서는 안 된다.

그녀의 가르침의 핵심은 그녀를 라인란트-플랑드르 지방과 스페인의 신비가들에서 비롯된 17세기 프랑스의 전통 안에 둔다. 상상적이거나 개념적이고 사변적인 묵상을 거의 강조하지 않으며, 심지어 그리스도의 인성에 주의를 집중하는 것도 강조하지 않는 기도, 하나님의 역사적 계시보다는 하나님의 편재에 기초를 두는 기도에서는, 신비적 연합이란 영혼 자신과 하나님 사리를 구분해 주는 능력을 완전히 잃을 정도로 인간의 의지와 하나님의 의지가 결합하는 것이라고 본다. 기욘 부인의 가르침에서, 순수한 사랑이란 영혼과 하나님을 분리시킬 수 있는 모든 것을 제거하는 것을 의미한다.

영혼은 부정의 방법에 의해서, 하나님의 현존 체험이 부족하지 않은 단순한 기도를 통해서, 십자가의 요한과 베네딕트 깡펠드Benedict Canfield를 연상하게 하는 용어로 묘사된 영적 죽음의 단계들을 통과한다. 연합의 마지막 상태는 거룩한 무관심으로서, 이 상태의 영혼은 하나님의 뜻 외에 다른 것은 원하지 않는다.

『변명』

루이 14세는 잔느 기욘을 모Meaux로 호송하여 당시 유럽 전체에서 가장 유명했던 부쎄Bousset 대주교와 다른 두 명의 로마 가톨릭 교회 주교들 앞에서 재판을 받게 하라고 명령했다. 기욘 부인은 며칠 동안 이 세 사람으로부터 그녀의 가르침의 주제에 관해 심문을 받아야 했다.

그들은 그녀를 이단성과 이상한 견해에 대한 두 가지 혐의를 가지고 고소했다. 잔느 기욘은 자신의 가르침을 오해한 것이라고 생각한 것을 회피하지 않았다. 그녀는 자신의 혐의가 풀릴 것이라는 확신을 가지고 이 세 사람을 대면했다. 그러나 안타깝게도 결과는 그녀가 생각한 것처럼 유리하지 않았다.

이 세 사람은 그녀의 자서전인 『기도의 방법』Method of Prayer이라는 제목의 책(지금은 『예수 그리스도의 깊음 경험하기』

*Experiencing the Depths of Jesus Christ*라는 제목으로 알려져 있다), 그리고 그녀의 아가서 주석을 그녀의 운명을 결정할 증거로 삼았다.

지혜로운 것인지 지혜롭지 못한 것인지, 기욘 부인은 자신의 가르침에 대한 완전한 설명서를 글로 써서 제출함으로써 그 성직자들이 판단하는 데 도움을 주기로 작정했다. 그녀는 닷새 동안 『변명』 *The Justifications*이라는 제목으로 논문을 작성했는데, 그것은 세 권으로 이루어졌고 각 권의 분량은 대략 400쪽이었다. 우리가 알고 있는 바에 의하면, 이 세 권으로 된 저서는 프랑스어로 단 한 번 인쇄되었고, 영어로 출판된 적은 없다. 만일 이 프랑스어 판이 현재 존재한다면 프랑스의 어느 곰팡내 나는 지하 보관소에 있을 것이다. 1915년에 이 세 권의 발췌본이 영어로 출판되었다.

이 책이 바로 최근에 출판된 『변명』의 발췌본이다. 이 책은 기욘 부인의 저술 중 가장 훌륭하다고 평을 받는다.

그럼 『변명』은 어떤 책인가? 기욘 부인은 과거의 성인들,

즉 로마 가톨릭 교회의 시성을 받은 사람들의 저술들의 요약본을 취하여, 그들의 가르침과 자신의 가르침을 비교했다. 그녀는 자신의 가르침과 자신이 사용한 용어들의 정당성을 증명하기 위한 것이었다. 더욱이 그녀는 이 성인들과 지난 시대의 권위자들과 저자들은 그들의 가르침에서 그녀가 사용한 것보다 더 강력하고 단호한 표현들을 사용했다고 주장했다. 그러나 그녀의 노력은 수포로 돌아갔다. 이 세 성직자들이 『변명』을 펼쳐보기나 했는지 의심스럽다.

그러면, 기욘 부인은 어떻게 되었는가? 오랫동안 그녀에게는 아무 일도 일어나지 않았다. 기욘 부인은 거의 6개월 동안 모Meaux에 있는 수녀원에서 부쎄 대주교의 직접적인 감독을 받으며 지냈고, 결국 그는 그녀를 석방해 주었다. 루이 14세는 이 이상한 여인이 다시 세상에 풀려났다는 것을 알고 크게 노하여, 즉시 그녀를 체포하여 감옥에 가두라고 명령했다.

『변명』은 수세기 동안 거의 간과되어왔다. 현대어로 고쳐 쓴 이 유익한 발췌본은 『변명』이 그녀의 훌륭한 저서들 중 하나일 수 것이라는 것을 언급하는 듯하다. 과연 1,200쪽에 달하는 책에서 가장 좋은 내용을 찾아내어, 10% 정도로 축약한 이 책이 과연 그녀의 진수를 다 제공하리라 생각할 수 있을까? 그러나 한 가지 분명한 사실은 누군가가 매우 세심하게 이 발췌본을 만들었다고 믿을 수 있다는 것이다. 현대 기독교인들이 작지만 훌륭한 책을 읽고 또 읽고 그 내용을 깊이 고찰하는 것은 좋은 일이다. 그리고 마지막에 기록된 『변명』의 단장短章들은 현대 신앙인들의 영적 지침을 삼기에 부족함이 없을 것이다.

『하나님께로 가는 길』

2부로 나누어 집필된 『하나님께로 가는 길』 *The Way to God*은 영적 성장의 단계를 신비주의자적인 시각으로 설명한 것이다. 일반적으로 정화, 조명, 합일의 영적 단계를 말하는 신비주의자들과는 달리 제1부에 그녀는 5단계로 영적 성장을 설명하고 있다: 회심, 하나님의 뜻을 만남, 수동성과 내면의 죽음, 벌거벗겨진 믿음, 그리고 마지막 제5단계에서는 신비적 죽음으로 제1부를 끝맺는다.

제2부에서는 신비적 죽음으로만 열매를 맺지 못하는 고로 하나님과의 합일을 이루는 단계를 거침으로써 온전한 신앙으로 성장하게 된다. 제부에서의 신비적 죽음 다음에 먼저 부활이 따라야 한다. 그리고 난 다음 하나남 안에 있는 새 생명을 얻고, 그런 다음에 새로운 변화를 받음으로써 하나님과 합일을 이루는 경지의 믿음으로 성장한다는 것이 기욘의 신앙 성장관이다.

그녀의 영적 성장관은 매우 복음적이다. 예수님의 일생에 따라 우리들의 신앙생활이 이루어져야 하며, 주님의 발자취를 따름으로써 우리들도 주님과 일치하는 신앙생활을 한다는 그녀의 영적 성장관은 매우 건전하다고 평가된다. 짧은 글이지만, 복음서를 음미하면서 이 글을 읽는다면 신앙여정에 있어서 매우 유용하리라 생각된다.

세상 풍습을 따라 사는 것은 어렵지 않다. 그러나 복음서에 나타난 주님은 시대 풍습에 대해 언제나 거슬러 살아야 한다는 교훈을 준다. 그럼에도 주님은 제자들에게 "예루살렘을 떠나지 말라"고 훈계하신 것을 보면, 우리들이 사는 이 세상과 우리들을 얼마나 사랑하신다는 것을 알 수 있을 것이다.

"십자가의 영광"이라는 말 자체가 모순이듯이 기독교 영성생활 자체가 모순적이다. 우리는 현재에 머무는 동시에 앞으로 나아가야 한다. 세상을 부인하면서 동시에 사랑해야 하는 우리들에게 기욘의 언어와 문체는 긍정과 부정을 동시에 담고 있다. 비록 그녀의 시절에는 이를 이해하지 못했던 사람들로부터 핍박을 받았지만, 현재를 사는 우리들에게까지 이 글이 남겨졌다는 것은 우리로 하여금 다시는 그러한 어리석음을 범치 말라는 하나님의 뜻일 것이다.

사랑하는 자매형제들이여, 이 책을 통하여 세상에게 더 이상 속지 말고, 하나님 앞에서 더 이상 어리석은 자로 남지 말기를 간절히 기도한다.

2006년 성탄절기에 역자

변명

The Justifications

십자가를 지려는 사람은 많지만,
불명예를 지고 가려는 사람은 거의 없다.

-잔느 기욘-

~ 1 ~

포기 중에서
가장 담대한 포기는 무엇인가?

 당신은 자신의 뜻을 얼마나 하나님께 복종하려 합니까? 과연 얼마나 복종하는 것이 적절합니까? 순종의 한계, 포기의 끝, 의지의 궁극적인 자발성의 한계는 어디입니까? 아가서 5장에 가능한 통찰이 기록되어 있습니다. 그곳에서는 영생의 소망을 포기하는 영혼을 찾아볼 수 있습니다.

 이는 이 특별한 신자가 영생을 빼앗겼다는 의미가 아닙니다. 그것은 단지 이 신자가 영생의 소망까지도 하나님께 바쳤다는 의미입니다. 이제 그에게는 하나님을 향한 현재의 사랑밖에 없었습니다. 하나님을 사랑하는 데 대한 개인적인 상을 받으려는 모든 소망은 포기되고 희생되었습니다.

이 신자는 마치 미쳐 날뛰는 원수의 수중에 있는 것처럼 인간적이고 세상적인 관점에서 바라보고 있으며, 하나님께서 그를 버리신 것처럼 보입니다. 심지어 이 신자는 자신이 버림받았다고 생각하고 있는지도 모릅니다. 그는 분명히 구원의 소망을 포기했습니다.

여기서, 당신은 하나의 참되고 위대한 희생, 영혼이 자신을 하나님께 맡기는 엄청난 복종을 봅니다. 여기에는 순수한 희생의 본보기가 있습니다. 이 희생의 배후에는 사랑, 과도한 사랑이라는 동기가 놓여 있습니다. 이 희생에는 모든 이기적인 관심사를 포기하는 것이 수반됩니다. 이 신자는 범죄하기보다 차라리 지옥에 가는 편을 택합니다. 역설적으로, 그는 여전히 자신이 두려운 죄를 범하고 있다고 느끼고 있을 수도 있습니다. 그 고통은 매우 심오한 것일 수도 있습니다. 그가 하나님께 범죄했다는 깊은 의식을 가지고 있기 때문에 그러한 고통을 느끼는 것입니다. 심지어 그는 "오! 주님, 나를 멸하소서. 그러나 죄 짓는 것을 허락하지 마옵소서"라고 소리쳐야 된다고 생각하고 있을지도 모릅니다.

다른 신자들은 지옥이 죄에 대한 형벌이기 때문에 지옥을 두려워하겠지만, 여기에서 영혼은 의도적으로 하나님께 범죄하기 보다 차라리 지옥으로 보내달라고 요청합니다. 영적 성장의 후기 단계에서는 주님 앞에서 무가치하다는 이러한 의식이 감소할 것입니다; 포기와 인내와 침묵의 결과로서 그것이 감소합니다.

우리는 이 수위표水位標, 포기와 복종에 대한 이 극단적인 견해를 받아들이며, 그것을 바라보면서 삶의 내면으로 들어가는 모험을 해야 합니다.

~ 2 ~

복된 겨울

 기독교인의 삶에서 주님의 변화시키시는 사역의 탁월한 본보기는 겨울이라고 생각됩니다. 겨울이 되면, 식물들은 하나님께서 자녀의 삶에서 불완전한 것들을 제거하기 위해서 행하시는 정화淨化의 이미지는 반영하는 듯합니다.

 차가운 바람이 불고 날씨가 추워지면, 나뭇잎들이 떨어지기 시작합니다. 초록빛 나뭇잎들은 우중충한 갈색으로 변하고, 곧 죽어 떨어집니다. 이제 나무의 모습을 보십시오. 그것은 앙상하고 고독해 보입니다. 여름철의 아름다운 모습은 사라지고 없습니다. 그 초라한 나무를 바라보면서, 여러분은 숨겨져 있던 것이 드러나는 것을 봅니다.

아름다운 나뭇잎들 밑에 온갖 종류의 불규칙한 것들과 결점들이 놓여 있었던 것입니다. 그 결점들은 무성한 나뭇잎들 때문에 보이지 않았습니다. 하지만 이제 그 결점들이 드러났습니다. 이제 나무의 겉 모습은 아름답지 않습니다. 그렇다고 해서, 나무가 실질적으로 바뀌었습니까? 결코 그렇지 않습니다. 모든 것은 이전과 완전히 동일합니다. 모든 것이 과거에 있던 그대로입니다. 다만 실재하는 것을 감추어주던 나뭇잎들이 떨어지고 없을 뿐입니다. 나뭇잎들의 표면적 삶의 아름다움이 항존하고 있었던 것을 감추어주었을 따름입니다.

여러분들도 마찬가지입니다. 우리 각 사람은 목숨이 끊어지기 전까지는 매우 아름답게 보일 수 있습니다. 목숨이 끊어질 때에, 누구를 막론하고 신자들에게 결점이 가득하다는 것이 드러날 것입니다. 주님이 정화purification를 이루기 위해 당신에게 작용하실 때, 당신의 덕이라고 여겨졌던 모든 것들이 제거될 것입니다. 그러나 나뭇잎이 떨어신 나무 안에 생명이 있듯이, 당신도 실제로는 더 나쁘게 된 것이 아니며 자신의 실제의 모습을 보게 될 것입니다. 겨울 나무의 내면 깊은 곳에 아직도 지난 봄에 아름다운 싹을 냈던 생명이 존재한다는 것을 생각해 보십시오.

그렇습니다. 신자의 내적 존재는 그 본질적인 덕을 빼앗기지 않았습니다. 다만 인간적인 것, 자신의 개인적인 선에 대한 의식을 상실하고 그 대신에 자신의 완전한 비참함을 발견한 것입니다. 그는 주님을 따르는 것의 평정平靜, 무엇보다도 자아에 대한 무지에서 비롯된 평정을 상실했습니다.

우리도 나무와 같습니다. 이제 쓸모없게 되고 벌거벗은 신자는 스스로 보기에도 벌거벗은 존재로 드러납니다. 그를 둘러싸고 있는 모든 사람들은 처음으로 그의 결점들을 봅니다. 그것들은 이전에는 표면적인 장점들 때문에 가려지고 숨겨져 있던 것들입니다.

때로, 이러한 노출로 인해 크게 자존심이 상한 신자는 다시 회복하지 못하여, 어느 다른 차원의 신자가 되거나 주님을 따르는 일을 완전히 포기하기도 합니다.

춥고 긴 겨울 동안, 나무는 완전히 죽은 것처럼 보입니다.

나무는 현실을 알지 못합니다. 그것은 완전히 멸망한 것처럼 보입니다. 그러나 진실은 다른 곳에 있습니다.

그 나무는 실제로는 자체의 생명을 보존하고 나무를 튼튼하게 해주는 과정을 거치고 있습니다. 결국, 겨울이라는 계절은 나무에게 어떤 일을 합니까? 그것은 나무의 외형을 위축시킵니다. 나무의 내면 깊은 곳에 있는 생명이 헛되게 소모되지 않게 합니다. 그 생명은 줄기의 가장 깊은 부분과 뿌리의 은밀한 부분에 집결됩니다. 생명은 그 나무의 내면으로 더 깊이 밀려들어갑니다.

비록 나무가 겉으로는 죽은 것처럼 보이지만, 겨울은 나무의 생명을 보존해줍니다. 나뭇잎이 떨어지고, 보기 흉한 상태가 드러나지만, 그럼에도 불구하고 나무는 어느 때와 마찬가지로 살아있습니다. 다른 계절 보다 겨울에 나무의 생명의 근원과 본질이 확실히 자리를 잡습니다.

다른 계절에는 나무가 그 자체를 치장하고 아름답게 하는데 그 생명의 힘을 모두 사용합니다. 그렇게 하기 위해서는 그 생명을 사용하며, 뿌리와 줄기의 내면으로부터 생명력을 취합니다. 겨울은 반드시 필요합니다. 나무가 살아서 크게 자라려면 겨울이 있어야 합니다.

덕은 신자의 내면 깊은 곳으로 내려갑니다. 그것은 표면에서 완전히 사라지면서, 표면적이고 본성적인 결점들이 드러나게 만듭니다. 만일 우리에게 능력이 있다면, 그 때에 이것이 아름답게 보일 것입니다.

우리의 삶에서 은혜도 똑같은 방식으로 작용합니다. 하나님은 우리의 삶에서 잎사귀들을 제거하실 것입니다. 무엇인가가 그것들을 떨어지게 만들 것입니다. 표면적인 덕이 붕괴될 것입니다. 하나님께서는 덕의 본질을 튼튼하게 만들기 위해서 이렇게 행하십니다. 덕의 근원이 증진되어야 합니다. 영혼의 내면 깊은 곳에 있는 것은 여전히 활동할 것입니다. 영의 내면 어딘가에 있는 (하나님이 평가하시기에)가장 고귀한 기능들은 결코 쉬지 않습니다. 그러나 거기에서 진행되고 있는 일은 감추어져 있습니다. 그것은 변변치 않은 것입니다.

그곳에서 발생하는 것은 순수한 사랑입니다.

내면에서 진행되고 있는 것은 자아를 철저히 포기하고 멸시하는 일입니다. 속사람이 진보하고 있습니다. 영혼은 용감하게 내면을 향해 들어갑니다. 하나님의 활동은 신자들의 외적인 부분에 집중되어 있는 듯이 보이지만, 잠시만 살펴보아도 외적인 것들은 보기에 기분 좋은 것이 아님이 드러납니다. 그러나 실제로 영혼 안에서 새로운 결점들이 발달한 것은 아닙니다. 다만 이전의 허물들이 드러난 것에 불과합니다. 그것들이 제대로 고쳐지려면 겉으로 드러나야 합니다.

만일 당신이 영적 순례를 행하려 한다면, 재앙의 시기와 건조한 기간처럼 보이는 시기를 기억해야 합니다. 사람들은 그러한 시기를 영적 겨울이라고 부를 것입니다. 그러나 그 안에 생명이 있습니다.

겨울이 오면…

~ 3 ~
# 정적 속에서

영적 순례자가 우선적으로 알아야 할 것은 하나님 앞에 잠잠히 머물러야 한다는 것입니다. 아무 것도 요청하지 말며, 모든 일에 개인적인 의지를 발휘해서는 안됩니다.

만일 신자가 자기의 생각에 따라 행동하려 한다면, 그는 하나님이 행하시는 과정을 방해하게 될 것입니다. 그는 철저히 활동하기 위해서 활동하고 있습니다. 그는 어떤 일을 하나님께 맡기는 것이 아니라, 하나님을 위해서 자신이 행하려 합니다. 그는 주님 앞에 나올 때에, 자아에서 비롯된 동기의 영향력에 대해서 완전히 죽는 법을 배워야 합니다. 자아에서 비롯된 동기는 그의 이기적인 본성을 강화할 뿐입니다. 만일 자기의 뜻을 버리고 하나님 앞에 머무는 사람은 마치 부드러운 랍처럼 됩니다. 즉, 하나님의 손에 들린 다루기 쉬운 도구가 됩니다.

이제 신자는 새로운 상태, 자기의 뜻을 버리고 자기 나름의 동기도 없이 활동하는 상태로 들어갑니다. 이제 그의 활동들은 자기에서 비롯된 것이 아닙니다. 그것들은 그의 내면에 거하시는 성령의 부드럽고 사랑스러운 영향력에서 오는 것들입니다.

-제1권, 114쪽

~ 4 ~
자아에서 오는 갈망과 하나님에게서 오는 갈망

 이제 우리는 주님께 자신의 삶을 맡긴 사람을 봅니다. 자기의 행복, 자기의 완전한 상태를 하나님의 수중에 둔 사람은 계속 자신의 행복을 위해 원하는 갈망들의 목록을 주님께 가져가지 않을 것입니다. 사랑에 의해서 하나님 안에 거하는 사람은 자신의 행복을 완전히 하나님 안에 둡니다. 자신의 의지의 힘에 의해서, 또는 두려움 때문에, 또는 "하나님을 기쁘시게 하기 위해서" 자신의 행복을 하나님 안에 두려고 하는 것은 매우 무서운 상태이며 하찮은 동기입니다.

 우리의 뜻을 하나님께 맡기게 만드는 동기는 사랑이어야 합니다. 사랑에서 비롯된 것이 아닌 복종은 야만적인 것으로 드러날 것입니다. 신자가 자기의 영혼, 의지, 자기의 모든 것을 주님께 양도한다면, 자신에 대해서는 아무 것도 바라지 않고 (열정적인 사랑의 상태에서) 하나님을 위해서 하나님만 바란다면, 그의 시작은 선한 것입니다. 왜냐하면 그것은 자아를 목표로 하여 자아와 함께 즐기는 상태가 아니기 때문입니다.

하늘나라의 영광이 동기가 되어서도 안 됩니다. 또 주님의 현존에 대한 놀라운 느낌이 동기가 되어서도 안 됩니다. 세상의 것이든지 하늘나라의 것이든지 궁극적으로 바라는 대상이 없어야 합니다. 다만 하나님을 사랑하여 하나님과 더불어 사랑하는 상태에 있었고 지금도 사랑하는 상태에 있어야 합니다.

"동기는 사랑의 산물이다"라고 지혜롭게 말한 사람이 있습니다. 만일 내가 하나님만 사랑한다면, 나는 하나님만 갈망할 것입니다. 만일 내가 자아를 전혀 생각하지 않고 하나님만을 위해서 하나님을 사랑한다면, 나의 갈망은 오직 하나님 안에 있을 것입니다. 그리하면, 내면에서 나오는 것들은 이기적인 동기가 없고 순수할 것입니다.

이와 같은 사랑의 갈망 안에는 "활발함"의 지배가 없고, 오히려 정적靜寂과 안식이 있습니다. 순수한 동기와 순수한 갈망은 고요하고 평온하며, 충만하고 흡족합니다. 만일 무한하신 하나님을 향해 사랑이 표현된다면, 또 그 사랑 자체가 하나님 안에서 발생한다면, 그리고 만일 하나님의 행복이 신자의 유일한 목표라면, 그 신자의 마음속에 있는 갈망들이 부산함이나 충족되지 못한 욕망처럼 평범한 것으로 표현될 수 없을 것입니다. 그의 내면에는 분명히 안식이라는 의식, "나에게는 충족되지 않은 소원, 성취되지 못한 개인적인 욕구가 없다"는 의식이 있을 것입니다.

이것이 신자의 영성생활을 세울 유일하게 참된 기초, 흔들리지 않는 유일한 기초임을 인식하십시오. 대부분의 신자들은 이러한 상태가 아닌 다른 상태를 가지고 하나님을 사랑합니다. 하나님을 향한 사랑의 내면에 자아 및 자아의 욕구에 대한 관심이 있을 수 있습니다. 더 좋지 않으면서도 보편적인 상태는 하나님을 향한 사랑이라고 하지만, 실제로는 자신의 존재를 만족시키는 것을 추구하는 사랑입니다. 그런 사람은 자신이 주님을 사랑할 때에 느끼는 것 때문에 하나님을 찾습니다. 그러한 사랑이 식을 때(즉, 그 사랑에 동반되는 감정이 사라질 때), 그는 하나님에 대한 관심을 상실합니다.

이것은 자아를 추구하는 상태입니다. 따라서 참된 영적 성장을 알고자 한다면, 이것을 버려야 합니다. 우리는 영적 성장을 방해할 목적을 염두에 두지 말고, 심지어 그러한 감정도 없이 하나님을 사랑해야 합니다. 우리는 건조한 시기와 영적으로 풍요로운 시기를 완전히 무시하고 하나님을 사랑해야 합니다. 우리의 사랑은 하나님을 사랑하면서 얻는 만족을 초월해야 합니다…그렇지 않으면, 우리는 모래 위에 기초를 두게 됩니다.

하나님께서 우리 안에 갈망들을 심어주실 수도 있습니다. 하나님은 신자의 마음속에 동기들을 심으십니다. 바울은 자신에게 그러한 일이 발생할 때에 "내가 그 둘 사이에 끼었으니 차라리 세상을 떠나서 그리스도와 함께 있는 것이 훨씬 더 좋은 일이라 그렇게 하고 싶으나 내가 육신으로 있는 것이 너희를 위하여 더 유익하리라"고 외쳤습니다.

그러나 바로 이 바울이 그리스도 안에서 자신의 히브리 형제들을 향한 사랑의 감화를 받았을 때에 "나의 형제 곧 골육의 친척을 위하여 내 자신이 저주를 받아 그리스도에게서 끊어질지라도 원하는 바로라"고 말했습니다(그가 이렇게 말한 것은 하나님께서 그에게 주신 사랑 때문입니다). 이렇게 말할 때에 바울은 개인적인 것은 전혀 염두에 두지 않았습니다. 자아는 전혀 고려되지 않았습니다. 여기에서 바울은 상반되는 감정들을 표현하지만, 그것들은 인간의 영의 깊은 곳에서 완전히 일치됩니다. 결코 변하지 않는 영의 깊은 곳에서 어떤 일이 진행됩니다.

신자의 유일한 행복과 관심은 하나님의, 하나님을 위한, 그리고 하나님 안에 있는 하나님의 복되심에 있습니다. 그 신자에게 있어서 인식할 수 있는 모든 갈망들은 하나님을 향한 갈망과 결합되고, 그 갈망 안에서 사라집니다. 그럼에도 불구하고, 그의 내면에는 하나님에게서 발생한 갈망, 하나님과 하나님의 나라에 합당한 갈망이 저장되어 있습니다.

자아 안에서 생겨난 갈망, 자아를 존중하는 갈망은 아직 정화되지 않은 의지의 산물입니다. 그 의지를 제거하여 우리 주님과 하나가 되게 하는 것이 주님이 원하시는 것입니다. 그러므로 주님은 때때로 자아에 근원을 둔 갈망들을 멸하십니다.

당신이 하나님과 일치하는 의지 안에 있는 것이 아니라 자아에서 생겨난 갈망의 상태에 있다는 것을 알 수 있는 증거는 무엇입니까? 그 대답은 단순하며, 아주 식별하기 쉽습니다. 박해를 받고 슬퍼하는 신자…다른 신자(또는 세상에 있는 어떤 사람)의 행동 때문에 낙심하여 분개하는 신자…그리고 하나님이 행하신 일 때문에 하나님에게 실망하고 자신이 대단히 불공평한 하나님의 수중에 있다고 생각하고 불평하는 신자…그러한 감정들을 경험하는 신자의 의지는 하나님과 일치하지 않습니다. 그의 마음속에 있는 갈망들은 자아가 만들어 내는 것입니다.

우리가 항상 하나님의 뜻을 이해하는 것은 아니지만, 하나님의 주권을 완전히 신뢰하는 것과 하나님의 뜻을 이해하는 것은 별개의 일입니다.

어느 신자가 하나님이 어떤 분이어야 하는가에 대한 기준을 만들어놓았는데, 하나님께서 자신이 기대하는 대로 행동하시지 않는다면, 그는 분명히 실망할 것입니다. 그는 자신의 영혼을 하나님의 섭리에 맡기지 않은 사람입니다. 그는 하나님의 행복만을 추구하는 사람이 아닙니다. 그는 혼합된 것을 추구하고 있는데, 그것은 그가 내면적으로 주님과 동행하는 것을 파괴할 수 있습니다.

신자가 그리스도께 복종하는 태도가 깊어짐에 따라서, (박해, 불의, 심지어 하나님이 공평하지 못한 처사라고 생각된 것 등에 의해 야기된) 표면적인 것들을 인식하지 않으며, 그것들에게 반응하지도 않습니다.

―제1권 180쪽

~ 5 ~

주님의 것이 우리의 것

왜 주님은 신자들의 가슴 안에 주님의 갈망을 심으십니까? 주님이 신자에게 영적 축복이나 경험, 심지어 물질적인 것을 주려하시는 데에는 목적이 있습니다.

이 시점에서, 우리는 기도하는 방법을 알아야 합니다.

주님은 신자들의 마음을 축복을 받아들일 수 있는 상태로 예비하신 후에, 마음에서부터 피어나는 갈망을 주십니다(시 37:4). 이 일을 하기 위해 주님은 어떻게 행하십니까?

우리 안에 거하시는 하나님의 성령이 우리 안에서 중보하기 시작합니다. 그 중보는 우리를 위한 것입니다…또 그것은 하나님의 뜻에 따른 것입니다. 하나님의 성령은 (우리 안에서) 그 마음의 갈망을 말합니다. 이제 그것은 하나님과 성령만의 갈망이 아니라, 신자들의 마음속의 갈망이 됩니다.

그의 요청은 실제로 성령에게서 옵니다. 그 갈망은 실제로 아버지에게서 오는 것입니다. 신자의 뜻은 그 갈망과 하나가 됩니다.

신자 편에서 볼 때에 굴욕을 향한 갈망은 하나님을 사랑하려는 갈망보다 훨씬 하위의 상태입니다. 때로 하나님은 (비방에 의해서) 신자를 비천하게 만드는 것을 좋아하십니다. 따라서 주님은 신자에게 굴욕을 향한 큰 갈망을 불어넣어 주십니다. 나는 이것을 갈망desire과 구분하기 위해서 열망thirst이라고 부릅니다.

주님이 신자로 하여금 특별한 것을 구하여 기도하게 만들려 하시는 때도 있습니다. 신자는 이 기도가 자신의 뜻에서 생겨난 것이 아님을 충분히 의식합니다. 그 기도와 갈망은 하나님에게서 생겨난 것입니다. 신자는 제멋대로 자신이 좋아하는 사람이나 자신이 좋아하는 것을 위해서 기도하지 못하며, 심지어 자신이 원하는 때에 기도할 수도 없습니다.

이 한층 선한 기도 방법을 따르는 신자는 결코 자만하거나 교만하지 않으며, 이 기도가 특별히 응답될 때에 자축하지 않습니다. 그는 그 갈망을 먼저 소유하신 분이 주님이라는 것, 그 기도를 하신 분이 주님이라는 것, 그리고 주님 자신의 기도를 들어주신 분은 그의 내면에 계신 주님이라는 것을 잘 알고 있습니다.

이 모든 생각은 이렇게 기록할 때보다 내 머리 속에서 한층 더 분명하게 드러나는 듯합니다.

제1권 180쪽

~ 6 ~

단순함의 힘

하나의 요소가 순수할수록, 그 요소의 구조도 단순합니다. 그러므로, 그 요소의 이타성이 커질수록, 그것은 그만큼 더 많이 사용될 수 있습니다. 예를 들어 보겠습니다.

물보다 더 순수하고 단순한 것은 없을 것입니다. 이 세상에서 그것보다 더 널리 사용되는 것은 없습니다. 그 이유는 무엇일가요? 유동성 때문입니다. 물은 나름의 분별 있는 속성을 가지고 있지 않습니다. 물은 모든 종류의 영향을 받아들이고 만족할 준비가 되어 있습니다. 물은 아무런 맛이 없지만 무한히 다양한 맛을 전달할 수 있습니다. 물이 본질적으로 색깔과 냄새를 소유한다는 것은 옳은 말이 아닙니다. 이러한 특성들은 물에 집어넣은 것으로 인해서 형성된 특성들입니다.

물이 그처럼 큰 다양성과 풍부한 응용성을 나타낼 수 있는 것은 색깔이나 맛에서부터 자유로울 수 있고 순수하고 단순할 수 있는 능력 때문입니다.

만일 물에게 "네 고유의 특성이 무엇이냐?"라고 묻는다면, 물은 "내 고유의 특성은 전혀 특성을 갖지 않는다는 것입니다. 나는 비활성입니다"라고 대답할 것입니다. 그에 대해서 "그렇지만, 내가 보니 너는 빨간 색이구나"라고 대꾸하면, 물은 "그럼에도 불구하고, 나는 본질적으로 빨갛지 않으며, 또 나에게 맛이나 색깔을 가할 때에 어떤 일이 행해졌는지도 질문하지 않습니다."

더욱이, 물이 형태를 다루는 방식은 색깔을 다루는 방식과 동일합니다. 물은 유동적이며 자신에게 가해지는 영향에 대해 유연합니다. 물을 그릇에 담으면 그 그릇의 형태를 취합니다. 만일 물이 확고히 유지하는 일관성과 특성이 있다면, 그것은 담기는 용기의 형태에 따라서 여러 가지 형태를 취하지 못할 것이며…다양한 색깔과 색조를 나타낼 수 없을 것입니다.

성령의 내주하심도 이와 같으며, 단순하고 순수한 상태에 있는 인간의 의지도 마찬가지입니다. 물은 그 자체에 맛이나 색깔이 없습니다. 물의 냄새나 색깔은 물 안에 첨가된 것에서 기인한 것이며, 하나님께 맡긴 인간의 의지도 마찬가지입니다. 나타나는 모든 것의 창시자는 하나님이십니다.

나는 이것이 적절한 신자의 의지의 상태라고 여깁니다. 영혼은 더 이상 사물을 구분하거나 그것에 대한 지식을 취하지 않습니다. 의지는 아무 것도 자신의 것으로 여기지 않습니다. 거기에는 의지의 순수함이 있습니다. 그것에게 임하는 모든 것은 주님에게서 오는 것입니다. 또 그것은 것도 자신을 위해서 아무 것도 유보해 두지 않습니다.

그것은 개인적으로는 참으로 큰 손실입니다. 그러나 그것이 얻는 유익을 생각해 보십시오! 만일 이러한 손실이 없다면, 만물이 얼마나 큰 손실을 얻겠습니까! 물은 우리에게 많은 교훈을 줍니다!

~ 7 ~
많은 사람들이 가는 길

하나님 안에서 말할 수 없이 크게 즐거워하는 사람은 대단히 정확한 미각을 획득한 사람이며, 세상의 것에 쉽게 만족하지 않습니다. 이와 같은 고귀한 상태를 알고서도 주님을 떠나 주님께 범죄하는 사람은 단지 주님이 주시는 기쁨과 선 때문에 주님을 추구한 사람입니다. 그는 주님만을 위해서 주님을 추구한 것이 아닙니다.

주께서 재물을 거두어 가실 때, 가혹한 일을 당하게 하실 때, 상황이 불공정한 것처럼 보일 때, 이런 사람은 주님을 떠나 다른 곳에서 즐거움을 발견할 것입니다. 하나님께서 더 이상 그를 기쁘게 해주시 않을 때에, 그는 자기 만족을 위해서 세상이나 다른 사람들이나 다른 신자들을 의지합니다. 그러나 그의 상태가 실제로 변화되지 않았다는 점에 주목하십시오. 그는 단지 자신을 행복하게 해줄 것을 찾을 뿐입니다. 그것은 그의 항구적인 상태입니다. 그는 자기 자신, 즉 자신의 내면에서 자신을 흡족하게 느끼게 해줄 것에 관심을 둡니다. 물론 이것은 자기만족이며, 그는 그러한 만족을 위해서 신령한 것을 사용합니다.

고민하는 거의 모든 영혼은 자신이 지나치게 많은 위로를 추구하고 있다는 것을 발견합니다. 그는 고난에서 벗어나기를 너무도 간절히 원하기 때문에 오히려 그것으로부터 벗어나지 못할 것입니다. 그는 기꺼이 죽으려 하지 않고 오히려 빠져나갈 길을 찾습니다.

신자가 이러한 상태에 이르면, 보통 다음과 같은 두 가지 중 하나가 발생할 것입니다: 그는 되돌아가서 과거에 행하던 활동을 추구하면서 그 안에서 고난과 고통으로부터 회복하기를 구하며, 잃어버린 것을 얻으려 하며…위로를 구합니다. 아니면, 자신에게 하나님에 대한 의식이나 느낌이 없다는 것을 발견하고서, 다른 곳에서 감각과 느낌을 발견할 것입니다(이것은 전자보다 훨씬 더 좋지 않은 것입니다).

앞에서 하나님에 대한 그러한 사랑은 불순한 것이며 세속적이고 철저히 이기적인 것이라고 말한 바 있습니다. 그러한 영혼은 하나님 안에서 마음껏 누릴 수 있는 즐거움을 발견하지 못하면, 슬그머니 하나님에게서 벗어나기 시작할 것입니다. 영적 경험을 가지고 감각을 만족시키는 것은 영적인 태도가 아닙니다.

프랑소와 드 살Francis de Sales은 다음과 같이 말했습니다: "그들은 하나님 안에서 누리는 즐거움이 멈추면, 즉시 불법한 즐거움으로 향합니다. 만일 그들이 영적 즐거움에 참여함으로써 그들의 취향이 다듬어졌었다면, 그들은 무한하고 다함이 없는 분량의 무절제한 즐거움이 아닌 다른 것에 만족할 수 없을 것입니다."

그러한 사람은 억제할 수 없는 방종함에 의해서 양심을 억제하려 할 것입니다. 만일 하나님을 향한 그들의 사랑이 지극히 순수한 것이었다면, 고난당할 때에 타락하지 않았을 것입니다.

이렇게 큰 고통에 직면하는 시기는 바로 우리의 영성생활 중에서 가장 위험한 시기입니다. 주님이 내면의 지주支柱를 제거하시면, 신자의 영혼은 즐거움과 위로를 구하기 위해서 외적인 공급원들에 의지하려 하며, 다시 즐거움을 누리기를 원합니다. 세월이 흐르면, 그가 이 불편한 상태에서 벗어나는 길을 찾고 있다는 것이 분명하게 드러납니다. 많은 영적 순례자들이 바로 이 시점에 멸망을 당했습니다.

이것은 나의 저술들에서 끊임없이 지적해왔던 것입니다.

물론, 처음과 그 후에 때때로 주님은 큰 기쁨과 많은 거룩한 위로를 사용하여 우리를 이끄십니다. 주님은 강력한 것, 때로는 압도적인 것을 가지고 우리를 이끄십니다. 그러나 인생의 불의와 고난과 고통은 신자를 혼란스럽게 만들기 때문에, 우리는 '하나님의 축복이 실제로는 전혀 강력하지 않다'는 아주 중요한 것을 발견합니다. 불의와 박해와 고난과 고통 앞에서, 지금까지 알고 있던 놀라운 하늘나라의 즐거움들에 대한 기억은 빠르게 사라집니다. 그렇기 때문에, 기독교인이 삶에서 고난을 당하기 시작할 때에 그것들을 피하지 말고 받아들여야 합니다. 또, 그것들이 제거되기를 구하거나, 위로와 즐거움을 받음으로써 그것들을 종식시키려 하지 말아야 합니다.

신자는 이러한 바람에 이리저리 날려 다니지 않는 상태에 이르러야 합니다. 그는 연약한 의지에 복종하지도 말아야 합니다. 그는 하늘나라의 즐거움이 아닌 상태에서 살아야 할 때에 비틀거리지 않는 상태에 이르도록 해야 합니다. 그러나, 이 상태가 단순히 강력한 인간적 의지를 발휘하는 것이 되어서는 안 됩니다.

하늘나라의 즐거움이 아닌 것 안에서 사는 것을 예상해야 합니다. 그런 일이 실제로 신자들에게 발생합니다! 게다가, 십자가의 요한John of Cross이 감각의 밤night of senses이라고 언급한 것, 즉 감각이 어둔 밤에 빠져들기 시작하면서 천국의 즐거움은 상실됩니다. 영적인 것에 대한 감각이 사라집니다! 그것은 신자에게는 대단히 무서운 일이지만, 만일 이 기간 내내 그가 인내하며 빠져나갈 길을 찾지 않는다면, 그렇게 무서운 일은 아닙니다.

하나님만을 위해서 하나님을 찾는 신자는 종종 만족을 얻기보다는 버림받은 사람처럼 보입니다. 그러나 하나님은 그를 버리신 것이 아닙니다. 때로, 이 신자는 심지어 축복을 받기보다는 두려워하는 편이 낫다는 것을 깨닫게 될 것입니다. 그리고 그는 그러한 방편을 전혀 두려워하지 않으면서 십자가를 사랑할 것입니다.

영혼은 완전한 죽음이라고 언급할 수도 있는 상태에 도착할 수 있습니다. 신자의 영혼은 하나님 안에서 확증되었기 때문에 피조물 안에서는 만족스러운 것을 발견하지 못합니다. 이 상태에 도달한 후에 하나님을 떠나는 영혼은 우주에서 가장 비참하게 될 것입니다. 그 이유는 무엇입니까? 그는 외적인 것에서는 어떤 즐거움도 얻지 못할 것을 알기 때문입니다. 하늘나라의 즐거움과 비교해보면, 다른 것들은 모두 무미건조해 보입니다. 외적인 것들을 마음껏 즐기는 것은 오히려 고통을 배가시킬 것입니다.

루시퍼가 하늘나라에서 쫓겨나 다시는 하늘나라의 즐거움을 누리지 못한 채 세상에서 살게 되었을 때에, 분명히 큰 고통을 겪었을 것입니다. 주님과 함께 계속 노력하지 않으면 루시퍼와 같은 처지가 된다는 것을 의식하는 진보한 신자는 감히 그 상태에서 벗어나지 못할 것입니다. 이런 신자는 하나님 안에 안식하며, 주님을 따르기 위해서 즐거움을 필요로 하지 않으며 외적인 위로가 제공하는 도움도 필요치 않습니다.

이런 까닭에, 나는 진보한 신자가 변절하기 어렵다고 말합니다. 그는 자신의 삶에서 일어날 일의 최종적인 결과를 봅니다. 그는 조금씩 부동의 상태에 정착합니다. 결국, 주님과의 관계에서 그를 벗어나게 하는 것은 악한 목적과 자만심일 것입니다. 물론 배반한 천사들이 하늘에서 떨어졌듯이, 그도 떨어질 수 있습니다. 배반한 천사들이 하나님께 돌아가는 것이 얼마나 어려웠는지 보십시오. 떨어지는 것이 어렵듯이 돌아가는 것도 어렵습니다. 배반하는 것과 돌아가는 것 모두가 불가능합니다. 우리가 직면하는 모든 상황에서, 주님은 우리 모두에게 구원의 수단을 공급해 주시지만, 그러한 배반은 사악한 것이기 때문에 회개하기 어려울 것입니다. 사람들의 표현을 따르자면, 하나님께서는 이런 종류의 배반 하나가 다른 수백만 명의 배반보다 더욱 고통스러울 것입니다.

다시 방금 내면의 길에 들어서고 있는 사람들, "감각의 밤"을 경험할 가능성이 있는 사람들에 대해 살펴보겠습니다. 그러한 영혼들은 하나님 안에 견고하게 자리 잡지 못했습니다. (그리스도의 십자가 위에서 성취된) 자아에 대한 죽음도 경험하지 못했습니다. 그들은 자신이 처음 하나님을 알았을 대에 발견했던 즐거움을 이제 경험하지 못하고 있다는 것을 발견하면, 하나님 안에서 발견되지 않는 즐거움을 의지합니다. 그러나 그들은 세상의 쾌락들이 둔감해졌음을 발견하며, 그렇기 때문에 극단적으로 자신을 만족시켜줄 감정들을 찾으려 합니다. 그러한 사람이 다시 하나님께 돌아오는 것은 기적입니다. 이는 과거에 선한 것, 하나님의 거룩한 것들을 맛보고 나서 그것을 버렸다가 돌아온다는 것은 무척 어려운 일이기 때문입니다.

~ 8 ~

하나님은 하나님 안에서만 발견할 수 있습니다

나는 종종 다음과 같은 질문을 받습니다: "내면의 길을 처음 걷기 시작한 사람은 먼저 표면적으로 주님을 찾고, 거기서부터 내면에서 주님을 찾는 단계로 옮겨가야 하지 않습니까?"

포괄적인 방법으로 주님을 찾는 것은 영적 출발이 아닙니다. 그렇게 주장하는 것은 큰 잘못입니다. 만일 미숙한 신자가 외적으로 하나님을 찾는다면, 그는 분명하고 분리되어 있는 하나님을 찾을 것입니다. 이것은 비극입니다. 왜냐하면 그가 주님을 찾으려면 하늘 이쪽 끝에서 저쪽 끝까지 찾아다녀야 할 것이기 때문입니다.

그 결과는 무엇일까요? 이 미숙한 신자는 기독교적인 삶에 있어서 내면적인 존재가 되어 하나님 앞에서 자신의 존재를 집중시키며 내적으로 주님을 부르는 대신에, 주님이 계시지 않는 곳에서 주님을 찾는 데 힘을 허비할 것입니다.

우리는 화가가 그림을 그릴 때에 어떤 원리로 선을 긋는 지 알고 있습니다. 그는 캔버스의 여러 곳에 선을 그린 뒤에 중심을 향해 가면서 그림을 그립니다. 각각의 선은 다른 선에 가까이 가면서 더 강해지며, 선들은 캔버스의 중심을 향해 움직입니다. 반대로, 각각의 선은 중심에서 멀어지면서 점점 더 희미해집니다. 신자들의 경우도 동일합니다.

신자는 내면에서 자신의 영을 향하며, 주님이 그곳에 오셔서 영의 영역에서 그와 결합하십니다. 이런 일이 많이 발생할수록 더욱 더 하나님께 가까이 가게 되며, 하나님의 일을 행하는 능력이 더욱 더 그에게 충당됩니다.

우리는 그림을 볼 때에 흩어져 있는 선들이 하나의 중심 부분에서 결합하는 것을 볼 수 있습니다. 영혼도 여러 상이한 장소에서 나와서 아무 것도 나누이지 않고 나눌 수도 없는 곳에 집중합니다. 바로 그 지점에서 영혼은 하나님을 발견하는 능력을 소유합니다.

만일 어느 신자가 내향적이고 영적인 존재가 되려면, 먼저 모든 생각을 집중함으로써 내면에서 하나님을 찾아야 합니다. 그렇게 하지 않는 한, 결코 하나님이 거하시는 중심에 이르지 못할 것입니다. 그러나 일단 그곳에 도착한 후에는 다시 출발하여 하나님의 중심을 향해 내면으로 한층 더 깊이 가야 합니다. 이것은 참으로 그 자신에게서 나오는 것입니다. 신자는 자신을 벗어나서 표면을 향해 감으로써 자신에게서 떠나는 것이 아니라 내면을 향해 감으로써 자신을 벗어납니다. 그것은 생각들과 존재 전체를 모아들이는 것이 아니라, 그렇게 행한 후에 나아가 자신의 자아를 초월하여 창조주의 중심으로 이동하는 것입니다.

영혼의 중심을 여정의 중간쯤에 있는 여인숙이라고 생각해 보십시오. 여행자는 여정의 어느 시점에서 반드시 그 여인숙 곁을 통과해야 합니다. 그는 잠시 그곳에 머물렀다가 떠날 준비를 할 때에, 왔던 길로 되돌아가지 않고 큰 길을 따라 나아갑니다. 그는 여인숙에서 멀리 떨어질수록, 시각과 표면적인 느낌에 있어서 자아와 더 멀어집니다. 우리가 자신의 존재의 중심을 향해 들어가면, 그곳에서 하나님을 발견할 것입니다. 그는 자아에게서 나와 존재의 중심으로 들어가라는 초대를 받습니다.

우리가 그곳에 도착하면, 주님의 수중에 들어갑니다. 그곳에서, 즉 우리의 존재의 중심에서 주님을 만납니다. 심지어 그곳 너머에서, 더 이상 자아가 존재하지 않는 곳에서 주님을 발견합니다. 우리의 여정이 진행되면서, 우리는 더욱 그분을 향해 나아가며, 그만큼 자아를 벗어납니다.

~ 9 ~
자아에서부터 하나님에게로

 기독교인이 하나님을 향해 얼마나 진보했는지는 그가 자아로부터 얼마나 분리되었는지를 기준으로 측정되어야 합니다.

 나는 자아를 어떻게 정의합니까? 그것은 각 사람의 견해, 감정, 그가 생각하고 기억하는 것들, 그의 개인적인 자기 이익추구와 자기성찰 이라고 정의할 수 있을 것입니다. 신자가 먼저 주님 앞에 와서 자신의 존재의 중심을 향해 나아가기 시작하면, 그는 자기 성찰에 몰두하며 자신을 크게 의식할 것입니다. 그가 존재의 중심에 가까이 가면 그곳에서 주님을 만날 것이며, 그곳에 가까이 갈수록 자신에게 몰두할 것입니다.

 그러나 그는 실제로 자신의 존재의 중심에 도달하면, 자신을 바라보는 일을 중지합니다. 그의 감정들, 기억들, 자기 이익추구와 자기 성찰은 점점 감소됩니다. 그는 자아에서 벗어나는 데 비례하여, 자신을 보는 분량이 감소됩니다. 왜냐하면 그의 얼굴은 자신을 향하지 않고 다른 방향을 향하기 때문입니다.

자기 성찰은 초기 단계에는 유익하고 중요한 것이지만, 이 단계에서는 도움이 되지 못하며 오히려 해로울 것입니다.

내면의 길을 걷기 시작한 사람의 시선은 복잡하며 필연적으로 자신을 향할 것입니다. 그것은 당연한 일입니다. 그러나 결국 그의 시선은 단순해지고 더욱 영에 중심을 둘 것입니다 (그러나 아직은 자아를 지향하는 태도를 버리지는 않습니다). 나중에도 여전히 영혼을 지향하지만, 그 자체에 중심을 두지는 않습니다. 이 단계에서 영혼에게는 단순한 시선이 선물로 주어집니다.

다시 여인숙 이야기를 하겠습니다. 여행자가 여정의 중간 지점에 있는 여인숙을 향해 가다가 그 집이 완전히 시야에 들어오면, 더 이상 방향을 살피거나 자신이 있는 곳이 어디인지 궁금해 할 필요가 없습니다. 그는 여정의 첫 번째 목표, 즉 눈앞에 보이는 여인숙에 시선을 고정할 수 있습니다. 이제 그는 여인숙에 대한 생각이나 여인숙으로 가는 길에 대해 생각할 필요 없이 여인숙에 들어갑니다. 그는 쉴 수 있는 장소에 도착했습니다. 그는 중심에 도착했습니다. 여정의 문제점들이나 여인숙에 도착한 일 등은 모두 이제 과거의 일이 되었습니다.

기독교인은 이 단계를 너머서 자기인식이 거의 멈추고 오직 하나님에 대한 인식, 하나님과 함께 하나님 안에 존재한다는 인식, 심지어 하나님 안에 몰입했다는 인식조차 초월하는 단계로 넘어가는 법을 배워야 합니다. 점차 자아에 집중하지 않고 하나님 안에 더욱 몰입하게 됩니다. 이것을 "하나님의 심연에 빠진다"고 표현할 수도 있습니다. 심지어 그는 주님 외에 다른 것을 알거나 분별하지 않는 단계에 도착할 수도 있습니다. 이 단계에서 모든 개인적인 숙고가 하나님과의 교제에 해롭다는 것은 말할 필요가 없을 것입니다.

이제 우리는 "어떤 수단에 의해서 자아를 초월하는가?"를 질문해야 합니다. 우리는 의지를 복종시킴으로써 자아를 초월합니다. 그렇다면, 의지를 순종시킨다는 것은 무엇을 의미합니까?

의지는 이해력과 기억을 다스립니다. 이 두 가지는 분명히 분리되면서도 분명히 하나입니다. 우리가 자신의 존재의 중심에 도착하면(여정의 중간 지점에 있는 여인숙에 도착하면), 우리의 이해력과 기억은 하나님께 양도됩니다.

이 두 가지 요소들은 다른 것이 아닌 하나님께 양도되어야 합니다. 자아나 다른 것에게 양도되지 않고 하나님께 양도되어야 합니다.

이 단계(자아를 버리고 자기의 뜻을 포기하는 단계)를 넘어선 사람은 기능상 존재의 중심에 도착하려는 노력을 시작한 사람과는 완전히 다릅니다.

하나님을 찾는 신자는 이 단계를 넘어서야 합니다. 하나님 안에 굳게 자리 잡으려면 이 단계를 크게 초월해야 합니다.

인간의 내면에 있는 것들은 쉽게 변화되거나 개심되지 않습니다. 이 중간에 있는 여인숙에 도착했을 때 하나님의 깊은 곳으로 한 번 들어간다고 해서 우리가 변화되는 것은 아닙니다. 우리가 참으로 변화되려면 끊임없이 자신을 존재의 중심에 불러 모으려고 노력해야 합니다.

그러므로, 나는 지금까지 이 책에서 말했던 것을 천천히 논하거나 길게 논하지 않을 것입니다. 지금까지 말했던 것을 되풀이하여 가르칠 필요가 없기 때문입니다. 그것은 마치 이미 뱃속에 있는 음식을 다시 입으로 돌려보내라고 요청하는 것과 같으며, 이 단계에 도착하는 것은 입문 단계에 불과한 여기에 안주하지 마십시오. 만일 내면의 길을 가르치면서 사람들을 이곳으로 인도할 수 있다고 해도, 그것은 그리 큰 성과가 되지 못합니다.

중간의 여인숙에 도착하는 법을 배운 신자는 이제 그 너머의 영역을 탐험해야 합니다. 쉬지 말고 탐험해야 합니다. 우리는 단번에 변화되는 것이 아니라 점진적으로 변화됩니다.

~ 10 ~

이 모험의 출발점

처음으로 내면의 여행을 시작한 신자는 중간 지점에 있는 여인숙의 여정이라는 예를 적용하는 데서 많은 어려움을 발견할 것입니다. 그러나 그가 용감하게 그 단계를 넘어서서 혼란한 정신 상태, 즉 많은 생각들을 벗어나서 처음으로 하나님과 하나님을 경험하기 시작한다면, 많은 기쁨과 즐거움을 발견할 것입니다. 그는 "결국, 이곳에 기독교적 삶이 있구나"라고 말하는 실수를 범할 수도 있을 것입니다. 그것은 진리와는 거리가 먼 것입니다. 기독교적 삶의 이 시기에 주님은 기쁨, 영적 감각들, 많은 은혜 등을 가지고 그를 이끄십니다. 진실로, 이 시기는 신자의 삶에서 경이롭고 중요한 시기입니다. 그러나 진정한 모험과 시험이 앞에 놓여 있습니다.

주님과 보다 깊이 동행하기를 구하는 신자들은 많지 않습니다. 여정의 중도에 있는 여인숙을 찾으려고 노력하는 신자들도 많지 않으며, 그렇게 노력하는 사람들 중 많은 사람들이 낙심합니다. 극히 소수의 사람들이 계속 여행하며 그리스도와 하나됨에 접촉하기 시작하여 많은 신령한 은혜와 놀라운 것들을 발견하고 기운을 회복하지만, 그럼에도 불구하고 나중에 열심히 식고 신령한 만남에 익숙해지게 되면 변절하기도 합니다. 세월이 흘러 나이가 들면서 새로운 것들은 사라집니다.

신자의 삶에서 주님이 기쁨을 거두어 가시는 때가 임합니다. 주님이 표면적으로 보면 은혜를 거두어 가실 것입니다. 동시에 신자는 자신이 박해, 종교적 권세를 가진 신자들로부터 오는 박해를 당하는 것을 발견할 수도 있습니다. 더욱이, 자기 가정이나 사생활에서 많은 어려움을 발견할 수도 있습니다. 또 건강상의 어려움을 경험할 수도 있습니다. 어딘가에 많은 고통, 또는 열거하기 어려운 정도로 많은 손해가 있을 것입니다. 신자는 완전히 자기만 당하는 특별한 것이라고 느끼는 경험을 할 수도 있습니다. 그가 신뢰하는 다른 신자들이 그를 버리고 학대할 수도 있습니다. 그는 자신이 부당한 대접을 받았다고 느낄 수도 있습니다. 이러한 느낌을 하나님에 대해서도 느끼고 하나님에 대해서도 느낄 것입니다. 이러한 고통과 혼동 속에서는 하나님이 그에게서 떠나신 것처럼 보일 것입니다.

신자들은 주님이 그들을 영적으로 버리시고, 그들의 영을 죽게 버려두신 것처럼 보이고, 세상과 다른 모든 것들이 그들을 방해하고 친구들이 그들을 저버리고, 그들의 삶의 도처에 큰 고난과 고통이 밀려들 때에 여정을 포기합니다.

이제 제자도를 시험하는 참된 시련이 임합니다. 오직 여기에서만 그리스도께 대한 우리의 헌신이 검증됩니다. 이제까지는 미지의 세계로 출발하는 모험과 열심과 흥분이 있었고, 또 하나님과의 깊은 교제를 발견하는 기쁨도 있었습니다. 그러나 참된 약속의 땅은 항상 광대한 황무지 너머에 있습니다. 사막의 아득히 먼 곳에서만 약속이 발견됩니다.

기독교인이 이 광야, 황량한 곳, 이 어두운 감각의 밤, "어찌하여 나를 버리시나이까?"라고 외치신 그리스도의 경험에 접촉하는 시기에 이를 때, 신자는 꾸밈없는 믿음에 의해 걸어가며, 주님 안에 자리 잡고 주님 안에서 굳게 기초를 두기 시작합니다.

적은 사람들만이 고요히 평온하게 계속 주님을 찾습니다. 은밀하게, 겸손하게, 남의 눈에 뜨이지 않게, 아무런 보상도 받지 않고도 주님을 찾습니다. 그들은 하나님을 찬양하는 것 외에 아무 것도 기대하지 않습니다. 피조물을 찾지 않고 하나님을 찾습니다.

우리는 모든 것, 심지어 그리스도와의 깊은 관계마저 잃었던 곳에서(우리의 내면의 존재 안에서) 시작합니다.

우리가 느낌이나 감각이 없이 여정의 중간 지점에 있는 여인숙으로 걸어갈 수 있을 때, 그곳 너머로 가며 주님이 보이지 않아도 믿음의 눈으로 주님이 그곳에 계시다고 믿을 수 있을 때, 감각이나 느낌, 심지어 하나님의 임재의 지극히 작은 표시가 없을 때에 그리스도 안으로 점점 더 깊이 걸어 들어갈 수 있을 때, 당신 주위와 내면에 있는 모든 것이 무너지거나 죽은 것처럼 보이지만 당신이 주님 앞에 앉을 수 있을 때, 아무런 질문이나 요구도 하지 않고 오직 믿음 안에서 평온하게 주님 앞에 나와서 정신적으로 분심되지 않고서 자아를 크게 의식하지 않고서 그분에 대한 영적 감각이 없이 당신의 존재 전체를 그분에게 집중시키고 의지하면서 그분을 예배할 수 있을 때, 그 때에 헌신의 시험이 확인되기 시작합니다.

그 때 비로소 기독교적 삶의 참된 여정이 시작될 것입니다.

~ 11 ~

영적 중독, 명성, 그리고 십자가

 기독교인의 영혼은 주님의 경험들에 참여하고, 접촉하고 받아들여야 하는데, 그것은 불가해한 상태입니다. 기독교인의 영혼이 가는 길은 지속적으로 이어지는 영원한 십자가, 치욕과 혼동과의 만남입니다.

 많은 사람들은 비교적 성공적으로 특정한 십자가와의 만남에 자신을 맡기지만, 그러한 만남들 전체에 자신을 맡기는 것은 거부합니다. 그들이 결코 허락할 수 없는 것들 중 하나는 사람들의 눈앞에서 자신의 명성이 제거되는 것입니다. 그러나 바로 그러한 상태, 그와 비슷한 상태가 하나님이 목표로 하시는 상태입니다. 하나님은 당신을 그곳으로 데려가시며 당신이 그로 인해 슬퍼하지 않기를 기대하십니다.

주님은 당신의 영혼이 이기적인 본성의 길에 대해서 진정으로 죽기를 원하십니다. 주님은 때로 외견상의 실수를 범하는 것을 허락하심으로써 사람들 앞에서 당신이 명성을 잃게 만드십니다.

나는 내면의 여행을 하면서 끔찍한 십자가들을 많이 만난 여인을 알고 있습니다. 그러한 십자가들 중 하나가 그녀의 명성을 상실하는 것이었습니다. 그 여인은 자신의 명성에 극도로 집착했기 때문에 그것을 포기할 수 없었습니다. 그리하여 그 여인은 다른 십자가를 달라고 하나님께 애원했습니다. 결국 그 여인은 그 십자가를 거부했습니다.

그 여인은 그 이후로 자신의 삶은 영적으로 진보하지 못했다고 말해 주었습니다. 그 여인은 그 십자가를 거부했던 상태에 머물러 있었습니다. 그것을 거부한 것은 그 여인의 발전에 철저하고 치명적인 것이었기 때문에, 그 이후로 주님은 다시는 사람들 앞에서 그 여인에게 치욕을 주지 않았고, 또 영적 발전의 은혜도 주시지 않았습니다.

하나님은 때로 내적인 것에서 돌아서서 외적인 것에 전념하라고 요구하십니다. 그 이유는 무엇일까요? 그것은 그 사람이 내적 은둔에 병적으로 몰두하고 있기 때문입니다. 많은 신자들은 자신이 이 십자가를 질 필요가 없을 것이라고 확신합니다. 그러나 우리가 십자가를 대면하기 위해서 내적 독거를 포기해야 할 필요가 있다면, 주님이 그렇게 행하실 것입니다. 실제로 주님은 때때로 신자를 영적인 것들—신자 자신을 알지 못하지만 병적으로 애착하거나 자랑하는 것들—로부터 신자를 분리시키십니다. 신자들이 무의식중에 자신의 내적 은둔을 자랑스럽게 여기는 일이 빈번하게 발생합니다.

~ 12 ~

영혼의 어둔 밤

영혼의 밤, 어둔 밤이 있습니다. 십자가의 요한이 말한 영혼의 어둔 밤이란 무엇입니까?

그것은 주님이 우리를 정화하시는 방법입니다.

영적 순례에는 속사람의 많은 결점들이 사라진 것처럼 보이는 시기가 있습니다. 그러나 그것들은 반드시 다시 나타납니다. 속사람 안에 나타나는 것이 아니라 표면에 나타납니다. 그것들은 겉사람 속에 다시 나타납니다. 그것들은 이전보다 강한 특징을 지니고 다시 나타납니다. 예를 들면, 짜증, 경솔한 말과 행동과 반응, 반항적인 생각, 변덕스러운 행동 등이 있습니다. 이럴 경우에, 기독교인은 자신이 이제는 쉽게 덕과 선행을 실천할 수 없다는 것을 발견합니다. 그의 결점들 모두가 다시 나타나는 것처럼 보입니다.

하나님께서는 이런 사람을 심하게 공격하십니다. 그의 주위 사람들이 그를 비방합니다. 그는 예상하지 못했던 박해를 당합니다. 그의 생각들이 반항적ㅕㄴ인 것들이 됩니다. 마치 그가 사탄의 공격을 받고 있는 것처럼 보입니다. 그러나 이처럼 무섭게 괴롭히는 일련의 도구들을 통해서 속사람은 사망에 복종하게 됩니다. 만일 이러한 요소들이 없다면, 속사람의 심오한 결점들은 그대로 남아 있을 것입니다.

내가 말하는 결점들이란 의도적인 것이 아니라, 우리의 내면에 있는 것으로서 우리가 의식하지 못하는 것을 말합니다. 그럼에도 불구하고, 최근에 하나님의 부재로 말미암아 신자는 자신이 하나님의 임재를 상실한 원인이 그 자신의 허물들이라고 생각하게 됩니다.

그는 마치 하나님과 어느 정도 떨어진 곳에 정지해 있는 듯이 보입니다. 그는 철저히 불행합니다. 주님이 이 불쌍한 영혼을 문밖으로 밀어내시는 것처럼 보입니다(그러나 주님은 섭리 안에서 이 일을 행하십니다). 이 단계에서, 신자는 종종 자신이 세상의 교제에 휩쓸려 있는 것을 발견하기도 합니다. 이것은 그가 원하는 것이 아니라, 그에게 주어진 상태입니다.

이제 어떤 일이 발생하는지 살펴봅시다. 이 상태에서 이 불쌍한 영혼은 거의 매 시간 자신의 결점들을 발견합니다. 그는 하나님의 강하신 손의 세력 아래 있습니다. 그는 자신의 약점들과 사람들의 악의와 마귀들의 반대를 경험하고 있습니다. 하나님께서 자신의 목적을 이루고 계신 것입니다. 이와 같이 괴로운 과정에 동의하지 않는 사람들은 평생 결점이 있는 속사람과 함께 머물 것입니다.

때때로, 주님은 단번에 이 사람을 모든 원수에게서 구해내십니다. 그러나 종종 그와 반대되는 일도 발생합니다. 이 단계에서 영혼은 버림을 받은 것처럼 보이며, 주님은 전혀 경험하지 못하고 분노만 경험합니다. 그러한 시기에 이 신자는 어디에서 도움을 구해야 합니까? 두 가지를 선택할 수 있습니다. 하나는 주님을 향하는 것이고, 나머지 하나는 시험들과 비참함과 가난과 결점들을 바라보는 것입니다.

우리는 영적 모험을 시작할 때에 종종 영혼이 단호하고 평온하게 박해를 견뎌내는 것을 봅니다. 그는 어디에서 그와 같이 자제하는 태도를 발견합니까? 그는 자신에게 발생하고 있는 것이 부당하다는 것을 분명히 예리하고 의식합니다. 그러나 방금 내가 묘사한 경우는 그렇지 않습니다. 이 어둔 밤에 그는 자신에게 발생하고 있는 것은 마땅히 그가 받아야 할 상태라고 느낍니다. 그리고 거기에 해결할 수 없는 혼란과 치욕이 더해집니다. 이 모든 것은 그에게 그리스도가 필요하다는 것, 이 피조세계에 속한 것들 및 심지어는 영적 즐거움으로부터 이탈해야 하고 그리스도의 은혜와 상관없이 자신의 실제 모습을 깨달아야 할 필요성을 지적하는 역할을 합니다. 그가 모르는 사이에, 이 세상의 속박들, 무거운 짐들, 하루에도 수천 번 그를 엄습하는 무서운 고통, 그리고 하나님께서 어느 다른 우주로 가버리셨다는 의식에도 불구하고, 그는 진보하고 있습니다.

제1권 201쪽

~ 13 ~

이것을 경험하는 사람들은 적습니다

이 신자는 주님을 깊이 사랑해왔지만, 이제 내면 생활의 모든 것이 와해된 것처럼 보입니다. 그는 지금까지 누려온 귀중한 독거생활을 어쩔 수 없이 버려야 합니다. 힘도 사라지고 은혜도 사라지고 절망합니다. 그는 자신에게서 보는 것들을 미워하며 더 이상 자신의 본성을 신뢰하지 않기로 결심합니다. 자신에게서는 아무 것도 기대하지 않으며, 자신이 그곳에 계시지 않는 하나님을 신뢰해야 한다는 것을 알기 때문에 하나님을 모십니다.

회심하지 않은 사람들이나 표면적인 길을 따라가는 사람들에게도 동일한 방식으로 이러한 종류의 경험이 임할 것이라고 생각하지 마십시오. 그들은 결코 그처럼 깊은 고통을 느낄 수 없습니다. 왜냐하면 그들은 그러한 일에 있어서 성령의 계시를 소멸시키고 있기 때문입니다. 지금 나는 시험과 시련을 통해서 그러한 경험을 통과할 자격이 있다고 입증된 사람들에 대해 말하고 있습니다. 그들은 주님을 향한 무의식적인 충성과 깊은 겸손을 소유하고 있기 때문에 자격이 있다고 간주됩니다. 그들은 내면에서 이러한 요소들을 감지하지 않습니다.

~ 14 ~

배반이 아닐 수도 있는 배반

여기에서는 위로가 되는 말을 하려 합니다.

하나님께 저항하는 두 가지 방법이 있다는 것을 기억해야 합니다. 하나는 의도적이고 자발적인 것입니다. 이런 종류의 저항은 하나님의 역사를 중단시킵니다. 주님은 인간의 자유의지를 침해하실 수 없습니다. 그러나 또 한 가지 "본성의 저항"이라고 부를 수 있는 저항이 있습니다. 이 저항은 의지 안에 위치하지만 자발적인 것이 아닙니다. 지금 나는 인간이 자신의 멸망에 반항하는 성향, 즉 생존 본능에 대해 말하고 있습니다. 이 반감의 깊이를 측정하려 하거나, 우리는 자신의 멸절에 대한 이 본성적인 반항을 평가하려 하지 않으면서, 하나님께서 이런 유형의 저항을 대하실 때에는 배반을 대하실 때와는 전혀 다른 방식으로 다루신다는 것을 인정합니다.

주님은 이러한 저항에 직면하실 때 적절한 사역을 중지하지 않으며, 오히려 이 신자가 과거에 주님과 자신에게 행한 참된 헌신—완전히 포기하려는 의지, 지금까지 한 번도 철회하지 않았고 지금도 철회하지 않은 헌신—을 이용하려 하십니다. 감정적으로는 하나님께 저항하지만, 의지 자체는 여전히 하나님께 복종해왔습니다.

이와 같은 포기와 의지의 복종은 영혼의 깊은 곳 어딘가에 숨겨져 있으며, 어떤 때는 신자 자신도 인식하지 못하며 오직 하나님만이 그것을 보십니다. 나는 이것을 "하나님의 손의 통로" the passage of the hand of God라고 부릅니다.

우리의 내면 깊은 곳에는 하나님만이 보실 수 있는 것이 있습니다. 하나님은 그것을 보셨기 때문에 우리의 자유를 침해하지 않고 우리 안에서 정화하시는 작용을 계속하실 수 있습니다.

~ 15 ~

하나님의 계획

하나님께서 계획을 상세하게 설명하신다는 말은 하나님께서 신자의 영혼에게 "네가 포기해야 할 것과 희생해야 할 것을 정확하게 알려면, 이러 저러한 것을 해야 한다"고 말씀해 주신다는 의미가 결코 아닙니다. 하나님께서 우리의 삶을 위한 계획을 설명해 주시는 방법은 오직 하나입니다. 그것은 바로 신자의 영혼을 모진 시련의 도가니 속에 집어넣는 것입니다. 하나님은 영혼으로 하여금 가지고 있는 모든 것을 주님께 희생하는 상태, 그가 소유한 것뿐만 아니라, 그의 존재 전체를 영원히 주님께 바치는 상태로 이끌어 가십니다.

그러한 희생이 어떻게 성취됩니까? 내면의 여정에 대해 저술한 어느 작가의 말에 의하면, "영혼의 철저한 자포자기"에 의해서 우리는 그러한 희생에 이를 것입니다. 이것은 거룩한 절망이라고 불립니다. 절망이 강력해져서 각 사람 안에 있는 모든 지주支柱가 제거되며, 그는 어쩔 수 없이 자신을 무조건적으로 하나님의 손에 맡기게 됩니다.

대부분의 신자들은 자포자기의 의미를 알지 못합니다. 그 자포자기, 즉 자신이 어떤 존재인지를 정확하게 알게 되는 가장 철저한 절망의 한계를 아는 사람은 거의 없습니다. 자신이 실제로 어떤 존재인지를 발견하는 것은 무섭고 파괴적인 일입니다.

이것을 기억하십시오. 당신이 자아에 대해 많이 절망할수록 그만큼 더 하나님을 신뢰하게 됩니다. 당신은 이 진리의 후반부, 즉 자신이 하나님을 신뢰해왔다는 것을 항상 인정하지는 못하지만 그것은 사실입니다. 당신에게서 객관적인 확신이 제거될수록 그만큼 당신은 시각에 의존하는 믿음에서 제거되고 하나님에 대한 믿음 속으로 더 깊이 들어갑니다.

이 일은 당신에게서 의지하는 모든 것이 제거될 때에 이루어집니다. 하나님께서 신자의 영혼에게서 무엇인가를 제거하시는 것은 곧 희생제사입니다. 그러나 최후의 희생제사는 무엇입니까? 그것은 내가 "깨끗한 희생제사"라고 묘사하는 것, 신자의 자원하는 영혼이 드리는 희생제사입니다.

이 궁극적인 희생제사는 신자가 자기 영혼을 하나님께 양도하는 것이라고 묘사할 수도 있을 것입니다. 그는 자신의 이기적인 본성을 포기하고 피조물에 속한 것들을 포기했으나 결국 하나님께서 그를 버리셨음을 발견합니다. 이것을 발견한 신자는 하나님께 "하나님, 어찌하여 나를 버리셨습니까?"라고 외칩니다.

예수 그리스도의 완전하고 절대적인 희생은 "나의 하나님, 어찌하여 나를 버리셨나이까?"와 "아버지여 내 영혼을 아버지 손에 부탁하나이다"라는 말씀에서 발견할 수 있습니다.

이렇게 자아 전체를 영원히 복종시켜 하나님께 바칩니다. 실제로 이것이 최후의 희생입니다. 그 다음에 "다 이루었다"라는 말은 영혼의 희생의 완성을 선포합니다.

우리의 모든 환란의 근원은 하나님께 대한 우리의 저항이며, 우리의 저항의 근원은 사물에 대한 애착입니다. 우리가 당하는 고난으로 인해 괴로워할수록 고난은 더 격심해집니다. 그러나 만일 매번 고난에게 자신을 맡긴다면, 그리고 고난의 과정을 방해하지 않고 받아들인다면 고난은 보다 효과적으로 사용됩니다.

어리석게도 "나는 끊임없이 주님의 뜻을 따르는 사람이 되고, 항상 고난에 복종할 것이다. 그리하면 주님은 나를 그처럼 거칠게 다루어야 한다고 여기지 않으실 것이다"라고 생각하지 마십시오.

이 세상에는 그와 같은 사람은 없습니다. 그렇게 될 가능성도 없습니다! 앞으로도 그러한 일은 없을 것입니다. 모든 사람의 내면에 있는 자아는 거대합니다. 그리고 우리의 참된 본성이 드러나는 것은 충격적입니다. 우리 모두는 믿을 수 없고 거의 견딜 수 없는 고난을 알아야 합니다. 또 우리는 자신의 약점들을 찾아 발견하여 신속하게 대처할 수도 없습니다. 우리가 그러한 생각들을 받아들일 때에 우리의 오만함이 드러나고 교만이 그 모습을 드러낼 것입니다.

　영혼은 장애물들이 제거된 후에 비로소 장애물들이 무엇이 었는지 알게 됩니다.

제2권 제4장, 207쪽

~ 16 ~

고난에 앞서 계시가 주어질 때

아가서 5장에서는 영혼에게 가능한 두 종류의 저항을 언급합니다. 신랑이 신부에게 "문 열어다고 내 머리에는 이슬이, 내 머리털에는 밤 이슬이 가득하였다"고 말합니다.

여기에서 영혼은 자기를 찾아오신 주님이 슬픔으로 가득 찬 주님이라는 것을 분명히 봅니다. 주님은 신부를 자기의 고난에 동참하게 하려고 오셨습니다. 그분의 말씀에는 고통의 흔적이 있습니다. 신부는 이것을 감지합니다. 신부는 그것이 거의 설명할 수 없는 슬픔이라고 이해합니다. 만일 신부기 고난 속에서 분투한다면, 그 슬픔을 감내할 것입니다.

신부에게 말씀하시는 분은 그녀가 육체적인 고통을 당할

뿐만 아니라 명예도 잃게 되며 비방을 당할 것을 알려줍니다. 그것은 실현됩니다.

주님이 신부에게 이렇게 행하는 이유는 무엇입니까? 그것은 신부로 하여금 자신이 지니고 있는 무수히 많은 약점들을 알며 자신의 비참함을 이해하는 데 도움을 주기 위해서입니다. 이것은 오직 실제로 그녀가 반감을 느끼는 것들에 저항하는 힘과 덕, 그리고 선한 일을 행하는 능력을 을 상실함으로써만 가능합니다. 그녀는 생각조차 못할 엄청난 혼동에 뒤덮여 있습니다. 그녀는 큰 고통을 당하고 있습니다.

주님은 그녀의 존재의 외적인 부분을 많은 재앙들, 사람들의 악의, 심지어 어두움의 세력들에게 넘겨주십니다. 주님은 이 각각의 공격자들에게 그녀의 외적 본성을 지배하는 무제한의 힘을 부여하셨습니다. 더욱이, 주님은 그녀의 내적 본성을 심하게 공격하신다고 말씀하십니다. 그런 일을 생각만 해도 몸서리치게 됩니다.

신자는 이 시련을 통과하는 동안에 고난에 대한 극단적인 저항을 느낄 수도 있을 것입니다. 그는 자신이 과거에 주님께 드렸던 포기의 흔적을 둘러보아 찾습니다. 그러나 그러한 흔적은 그의 내면에도 없고 외면에도 없습니다. 그는 내면 깊은 곳에서 힘이나 구원을 달라고 소리칩니다. 그러나 아무것도 그에게 오지 않는 듯합니다.

흥미롭게도, 많은 신자들의 삶에서 이런 일들이 발생하기 직전에 실제로 하나의 계시가 있습니다. 이것을 하나님의 공의의 주입infusion라고 불러야 할 듯합니다. 주님이 우리의 삶에서 행하시는 모든 것은 공정하다는 의식이 임합니다. 신자는 어두움의 권세들로부터의 공격이든지 자신의 본성적인 연약함이 드러난 것이든지 바야흐로 자신에게 발생하는 모든 것은 정당하다고 입증된 것임을 깨닫습니다. 그는 어떤 일인가를 위해 준비되고 있는 것입니다.

그는 어떤 결과가 발생할 것인지에 대한 계시가 없이, 그리고 그것을 분명히 염두에 두지 않은 채 자신에게 발생할 일을 대면할 준비를 하고 있습니다. 그에게는 바야흐로 주님이 행하려 하시는 모든 것에 복종할 능력이 주어졌습니다. 이것은 그의 생존을 보장해 주지는 않습니다. 그것은 다만 그가 하나님께서 어떤 일을 행하시려고 하시든지 간에 하나님이 완전한 능력과 주권적인 의지에 따라서 제한을 받지 않고 행하실 수 있도록 허락했다는 것을 보장합니다.

그러한 불행한 순간에 종종 이전에 주어졌던 하나님의 공의의 계시가 존재하지 않습니다. 그러나 다른 때에-이 불행의 가장 깊은 곳에서, 하나님의 공의에 대한 의식, 이해, 또는 사랑이 돌아옵니다. 그런 일이 발생할 때에 신자의 영혼은 자제하지 못합니다. 그는 주님의 제단 앞에서 새롭게 자신을 희생할 것입니다.

그러나 태풍의 세력에 가장 강력할 때에, 그러한 헌신과 관련된 생각들이 다시 사라집니다. 주님께 대한 헌신의 의식이 사라집니다. 신자는 자신의 드렸던 희생과 공의에 대한 사랑을 망각합니다. 그는 오로지 지금 자신에게 발생하고 있는 일에 대한 반감에 압도됩니다. 그가 아는 것은 사망의 고통에 대한 경험뿐입니다.

우리가 그러한 시련에 던져지기 직전에 이런 일 외에도 다른 일들이 발생할 수 있습니다. 때로 하나님은 그 신자의 영혼으로 하여금 고난이 무엇인지 이해하게 해주신 후에 바야흐로 그에게 발생할 일에 동의할 것을 요구하실 것입니다.

어떤 사람은 거부하고, 어떤 사람들은 이미 알려진 희생에 복종하지 못합니다. 어떤 사람은 절대적으로 거부하고, 어떤 사람들은 며칠이 지나서야 그러한 희생을 할 수 있을 것입니다. 모든 경우에 자기 앞에 놓인 것에 저항하는 데에는 큰 고통이 따릅니다. 특히 과거에 복종하고 순종했던 영혼들의 경우에 그러합니다. 그 신자는 자신이 과거에 신실했었기 때문에 자기 안에서 발달한 은밀한 교만을 하나님께서 드러내고 계시다는 사실에 직면할 수도 있을 것입니다. 그는 자신이 과거에는 하나님의 요구가 아무리 가혹해도 하나님이 행하시는 것은 전혀 거부하지 않았다는 것을 압니다. 그러나 십자가에 대한 보다 깊고 새로운 이해에 기초를 두고서 고난과 이기적 본성을 거부함으로써, 그는 다가오는 이 대 파국에 복종하는 일이 실질적으로 불가능한 상태에 처합니다.

주님은 우리가 희생과 십자가를 거부하는 것을 허락하십니다. 저항하는 데는 이유가 있습니다. 그것은 아가서에서 신부가 느낀 것과 동일한 것입니다. 그녀는 피로 얼룩지고 큰 슬픔에 빠져 있는 신랑을 받아들이면서 강한 반감을 느꼈습니다. 그러나 신자는 오랫동안 저항하지 않으며, 또 그렇게 해서도 안 됩니다. 저항은 필요합니다. 저항은 신자로 하여금 자신의 연약함을 깨닫게 해주며, 또 그가 용기를 소유하고 있다고 생각하지만 실제로는 그렇지 못하다는 것을 증명해주기 때문에, 선한 것이라고 말할 수도 있습니다.

이 신자에게 적용되는 것은 우리 모두에게 적용됩니다. 다만 우리의 삶에는 그러한 일이 없을 뿐입니다. 만일 우리에게 많은 것이 주어졌다고 인식한다면, 그것은 우리 자신을 속이는 일에 불과합니다.

아가서의 젊은 신부는 방금 그녀와 주님 사이에 주고 받는 호혜적인 사랑의 즐거움에 대한 놀랍고 순수한 경험을 했습니다. 이제 그녀는 갑자기 사랑이 임하여 고난의 형태로 요구할 때에 자신이 매우 연약하다는 것을 깨닫습니다.

이렇게 태도가 변한 이유는 무엇입니까? 아마, 과거에 신실했던 이 신자가 고난을 요구하는 것을 보고서 큰 고통을 경험했고, 또 그것의 목적과 필연성 앞에서 놀랐기 때문일 것입니다. 이번에도 당신이 주님과 더불어 놀라운 영적 경험을 한 후에도 십자가와 고난에 직면할 때에 자신이 무척 연약하다는 것을 아는 지식은 매우 뜻이 깊으며, 그 지식 안에 큰 고통과 고난이 있습니다.

제2권 208쪽

~ 17 ~

영혼이 신랑에게 문을 열어줌

아가서 6장 6절에서 신자는 자기 연인에게 마음을 엽니다. 이렇게 영혼이 문을 열면서 새로운 포기가 이루어집니다. 저항은 버림을 받습니다. 영혼은 주님께 새로이 복종하고 포기하는 행동을 합니다.

영혼은 과거에 신실하지 못하고 배반했지만, 주님은 항상 신자가 새롭게 되고 주님과 함께 생활하게 하기 위해서 그러한 요구를 도출해내십니다.

~ 18 ~

참된 의는 오직 하나입니다

    신자에게 시련이 주어집니다. 이 시련과 함께 그가 자신의 비참함을 목격함으로써 통과하게 될 경험과 계시도 주어집니다. 그는 자신에게서 모든 지주支柱가 제거되었음을 발견합니다. 그를 지탱해줄 그 자신의 의는 존재하지 않습니다(그 자신의 의라는 표현이 중요합니다). 그 신자의 삶에는 진정한 공적이 될 의와 충성이 전혀 없다는 것을 아는 것은 유익한 일입니다. 그 이유는 무엇입니까?

    하나님의 것을 우리의 본성의 것이라고 주장하는 것(즉, 하나님의 특징이 되는 것들이 우리의 특징들도 된다고 생각하는 것), 이것은 반드시 소멸해야 합니다. 모든 의는 오직 하나님께만 속한다는 것, 하나님 밖에는 의로운 것이 없다는 것을 신자가 고백하는 순간이 있어야 합니다. 신자 자신에 대한 견해에 있어서 매우 연약하고 불안정하여 그가 자신에게는 의지할 것이 없고 하나님의 의만 의지하게 되는 상태에 도달해야 합니다. 그는 하나님은 모든 것이 되시고 자신은 무라는 것을 인정합니다, 즉 하나님의 전능하심과 자신의 연약함을 인정합니다. 그러므로 그는 곧 이후로는 거의 흔들리지 않는 포기 안에 자리 잡습니다.

제2권 115쪽

~ 19 ~
화재가 발생하기 좋은 상황

숲에 화재가 발생하여 불이 타오르기 전에는 숲이 어두워집니다. 영혼에게 불이 접근할 때도 그렇습니다. 불은 먼저 영혼을 어둡게 한 후 영혼을 태웁니다. 불이 타오르려면 숲속이 건조해야 합니다. 불이 타오르기 전에는 항상 검게 됩니다.

숲이 습기 때문에 더러워질 수도 있습니다. 그러나 습기가 있으면 불이 붙기 어렵습니다. 실제로 숲에 너무 습기가 많으면 화재가 발생하지 않습니다.

하나님을 멀리하는 사람들의 어두움이 그와 같습니다. 그들은 망하리니 음녀같이 주를 떠난 자를 주께서 다 멸하십니다(시 73:27).

그러한 사람들은 멸망할 것입니다. 그러나 아가서 1장에 기록된 것처럼 거무스름한 영혼은 멸망하지 않습니다.

하나님께서는 그녀에게서 당신의 깨끗함과 반대되는 모든 것을 깨끗하게 하실 것입니다. 당신은 그녀에게서 물을 제거하고 마르게 하실 것입니다.

당신의 사랑은 과도한 사랑이십니다. 당신의 사랑은 우리를 당신 안에서 완전하게 하려는 목적을 지닙니다. 당신께서 우리를 태워 없애기 전에 우리가 거무스름하다는 것을 보여주십니다.

~ 20 ~
어두움과 하나님의 임재

십자가의 요한은 영적 순례자가 하나님의 깊음을 향해 여행하는 동안 통과하는 몇 가지 정화에 대해 말합니다. 그는 그 첫 단계를 "감각의 밤"night of the senses이라고 부르고, 마지막 단계를 "성령의 밤"night of the Spirit이라고 부릅니다. 이 마지막 단계에서, 하나님은 영혼이 통과할 다른 어느 단계에서보다 훨씬 완전한 방법으로 신자의 영혼에게 하나님 자신을 알게 해주십니다.

여기에는 당신이 확신할 수 없는 것, 설명할 수 없는 것이 있습니다. 그럼에도 불구하고 그것은 진리입니다.

영혼의 어둔 밤이 깨끗할수록, 그 밤은 한층 더 숭고하게 나타납니다. 신랑의 부재가 클수록, 정화는 더 완전하고 위대할 것입니다.

하나님께서 우리에게서 자신을 숨기는 분량은 자신을 계시하는 분량에 비례하는 듯합니다.

신자의 영혼은 신랑의 부재뿐만 아니라, 자신의 비참함에 대한 깊은 자책에 압도되기 때문에, 이 궁극적인 시련들(영혼의 밤의 경험)은 다른 것들보다 한층 더 그를 괴롭게 합니다. 여기에는 고통이 있으며, 사람들로부터의 박해가 따릅니다 (그것은 마귀들에게서 오는 것처럼 보입니다). 이 무서운 시련은 실제로 경험해보지 않는 한 상상조차 할 수 없습니다.

주님이 신자의 영으로부터 숨으시는 것을 "밤", 또는 "사망"이라고 부른 것은 매우 훌륭한 표현입니다.

우리 주님은 빛이시요, 우리 영혼의 생명이십니다. 그러므로, 빛이 사라질 때에 영혼은 두려워하는 듯이 보입니다. 그러나 "어둔 밤"이라고 불리는 이 경험을 달리 생각할 수 있습니다. 빛이 아주 밝을 때에는 사물이 어두울 때보다 한층 더 무섭고 두렵게 보입니다. 영혼의 어둔 밤을 우리의 진면목을 무섭게 드러내주는 시기라고 여기십시오. 이 설명할 수 없는 경험을 할 때에, 그리고 다시 새벽이 올 것이라는 희망조차 상실했을 때, 하나님에게는 어두움도 빛이라는 사실을 기억하십시오.

제2권 276쪽

~ 21 ~

내면의 상처와 외면의 상처

　우리 주님의 명령에 따라서 우리에게 가해지는 상처들이 있습니다. 그것들은 영혼의 고통으로서 내적인 것들입니다. 그러나 외적인 상처…박해와 악의, 그리고 사람이나 어두움의 영역에 의해 가해지는 것들이 있습니다. 내면에서 비롯되는 상처와 위부로부터 오는 상처가 있습니다.

　앞에서 영혼의 어둔 밤, 명백한 주님의 현존의 상실에 대해 언급했습니다. 이 기간에 신부는 자아나 다른 피조물에 몰두하지 않습니다. 신부의 상태는 지금까지 경험한 어느 순간보다 불신앙과 거리가 먼 상태입니다(이것은 신부가 이 사실을 알고 있다는 의미가 아닙니다). 실제로, 신부는 자신이 사랑하는 분의 임재를 상실했다고 생각하며, 겉보기에 영구적인 것처럼 보이는 주님의 부재로 인해 끊임없이 슬퍼합니다.

그러나 그녀는 자신이 의식하지는 못하지만 자기의 내면 깊은 곳에 있는 내면의 눈은 하나님을 향하고 있다는 것을 알지 못하고 있습니다. 신부는 결코 신랑을 잊지 않습니다. 신랑의 부재에 몰두해 있기 때문에, 그녀는 깨닫지 못하지만 자신에 대한 관심을 상실합니다. 또 그녀는 주님이 가버리셨다고 느끼지만, 그녀의 마음은 주님을 향하고 있습니다. 주님의 부재가 항상 주님을 상기시키므로, 그녀는 주님을 잊지 못합니다.

이것은 구속을 받지 않고서 죄로 돌아가기 위해서 정신에서 억지로 주님을 몰아내는 사람들과는 완전히 다릅니다.

잠에서 깨어난 신부는 매우 귀중한 교훈을 깨달을 것입니다: 공허감, 무가치하다는 의식, 하나님에 의해 버림받았다는 의식…깨어있을 때나 잠들있을 때나 밤낮 내향적인 신자와 함께 있는 강력한 의식…이것이 그리스도입니다!

제2권 282쪽, 283쪽

~ 22 ~
박해의 네 가지 근원

주님을 섬기려는 사람들이 있습니다. 그들은 이렇게 섬김을 시작할 때에 사악한 사람들의 박해를 받습니다. 그러나 그러한 신자가 박해를 당할수록, 그는 주위에서 그리스도를 섬기는 데 관심을 갖는 사람들을 더 많이 발견하는 듯합니다.

그러나 내면생활에 헌신하는 사람들의 상황은 그렇지 않습니다. 그들은 하나님을 믿지 않는 세상으로부터 박해를 받지만, 또 평범하게 사는 사람들로부터 박해를 받으며, 더 나아가서 경건하고 종교적이지만 내면적이지 않은 사람들로부터 박해를 받습니다.

종교적인 생각을 지닌 사람들은 의무감에서 박해합니다.

우리 이전 시대 및 우리 시대에, 그리고 아마 장래에도 이러한 경향은 동일할 것입니다. 사람들은 자신이 걸어가는 길이 아닌 다른 길을 바른 길이라고 인정하지 못합니다.

그러나 내향적인 신자가 경험하게 될 가장 가혹한 공격은 신자인 체 하는 사람들로부터 옵니다. 이러한 사람들의 내면에는 더러운 성격, 사악함과 위선이 있습니다. 내면적인 사람은 이것을 인식하며, 이러한 인식은 내면의 길을 대적하는 사람들의 적대감을 불러일으킵니다. 그것은 마치 천사들과 마귀들의 싸움처럼 보입니다.

제3권 55쪽

~ 23 ~
하나님의 질투

하나님은 질투하십니다. 그 이유는 무엇일까요?

한 가지 이유는, 무조건 하나님께 자신을 바치는 사람들이 매우 적기 때문입니다. 그러한 사람들은 극히 적으며, 하나님은 경쟁자를 허락하지 않습니다. 그러므로 하나님은 마음이 나누인 영혼들을 기뻐하지 않습니다. 하나님은 완전히 하나님께 헌신하는 영혼들을 사랑하시며, 그들을 하나님의 특별한 소유로 여기십니다. 그리고 모든 권리를 그들에게 행사하십니다.

하나님은 이렇게 하시면서도 그들의 자유의지를 해치지 않습니다. 그들의 헌신은 철저히 마음에서 우러난 자발적인 것입니다. 그럼에도 불구하고, 하나님은 이런 종류의 신자들을 질투하십니다. 하나님은 그들 안에 있는 결점들을 참지 못하십니다. 그들은 하나님이 선택하신 특선품이며, 하나님의 마음 깊은 곳에 간직되어 있습니다. 여기에 또 한 가지 진기한 것이 있습니다. 하나님은 세상이 그들을 이해하지 못하면서 호기심을 가지고 그들을 응시하는 것을 허락하시지 않습니다.

제3권 57쪽

~ 24 ~

자유의지의 참된 활용

하나님에게는 자신을 신자와 재결합하려는 경향이 있습니다. 인생의 모든 순간에, 하나님은 우리에게, 그리고 모든 인간의 영혼에게 무한한 사랑과 자비를 부어주십니다. 하나님께서 이처럼 사랑과 자비를 나누어주시는 것은 자연스러운 일입니다. 하나님의 선물을 받을 마음이 있는 모든 사람에게, 하나님은 반드시 자신을 전해 주셔야 합니다. 하늘을 향하고 있는 모든 사물에게 이슬이 떨어지듯이, 하나님은 우리에게 끊임없이 하나님 자신을 전해주고 계십니다.

그러나 하나님은 인간을 자유의지를 가진 존재로 지으셨습니다. 그러므로 인간은 천국의 거룩한 이슬을 맞지 않도록 피할 수 있습니다. 인간은 하나님에게 등을 돌릴 수 있습니다.

그는 주님의 길에 계속 장애물을 놓을 수 있습니다. 그렇게 하지 않으면 하나님의 자비가 그에게 미칠 것이기 때문입니다.

인간이 의도적으로 문을 닫지 않는다면 하나님을 발견할 것입니다.

인간이 스스로 놓은 장애물들 중 일부를 제거하기 시작하면, 어떤 결과가 나타날까요? 그는 근원, 나아가 주님을 향하게 됩니다. 사랑의 비가 쉬지 않고 마음에 내리면, 우리는 변화될 수밖에 없습니다.

마음이 변화되어 약간 열리면, 하나님의 은혜의 이슬이 그 마음에 떨어집니다. 마음에 떨어지는 사랑의 분량에 비례하여, 마음에서 주님을 향한 사랑이 자랍니다. 하나님께 마음 문을 활짝 열수록, 이슬은 더욱 풍성하게 떨어집니다.

한 가지 기억해야 할 것이 있습니다. 사랑은 스스로 길을 예비합니다. 주님 외에 누구도 주님을 위해 길을 예비할 수 없습니다. 주님은 우리 마음을 예비하시고, 우리 마음을 충만하게 하십니다. 주님은 마음을 넓게 하시고 채우십니다.

주님은 빈 마음을 미워하십니다.

때때로 주님은 영혼을 비우고 벌거벗게 하시는 듯하지만, 그러한 황량함은 외적인 것에 불과합니다. 그것은 황량함의 겉 모습일 뿐입니다. 분명히, 주님은 하나님이 아닌 모든 것을 밀어내고 계십니다. 그러나 하나님은 사랑이시므로 하나님 자신만 인간의 영혼 안에 들어가는 것을 허락하실 수 있으며, 다른 것이 들어가는 것은 허락하지 않으십니다. 영혼 안에 있는 다른 것들은 모두 하나님을 불쾌하게 하므로 극복되어야 합니다. 그러므로, 이 피조물을 정화하고 영혼을 확장하고 확대하여 하나님께서 그 안에 넉넉히 거하실 수 있게 만들기 위한 수단들을 가동하십니다.

거룩한 사랑이신 나의 주님, 이러한 정화에 복종하려는 심령들은 어디에 있습니까? 당신의 수중에서 확장되고 확대되는 것을 허락할 사람은 누구입니까? 우리가 깨끗하지 못하기 때문에 우리 안에서 이루어지는 당신의 활동이 거칠게 보입니다. 우리의 눈을 열어 당신이 항상 부드럽고 다정하심을 보게 해 주십시오.

비록 주저하고 망설이면서 행하더라도, 영혼이 당신께 마음을 열어 당신을 들어오게 하는 것은 놀라운 일입니다.

당신은 그러한 심령 안에 어떻게 거하십니까? 무한히 할 일은 모든 것을 당신께 바치는 것입니다.

제3권, 109쪽

~ 25 ~

내면생활의 완성

내면생활에 관해 이야기한 대부분의 사람들은 그것이 다음 세상에서 완성된다고 말합니다. 나도 내면생활과 관련하여 다음 세상을 생각할 때에 은혜와 영광의 완성의 경험을 봅니다. 나는 모든 성장과 공적…열매와 보상, 그리고 우리의 내면 깊은 곳에 있는 것들의 진리를 분명히 누리는 것 등의 완성을 봅니다. 그러나 내면생활 자체에 대해서는, 그 생활이 현세에서도 완벽히 조화롭게 완성된 것을 봅니다.

내면생활은 이 세상에서 시작됩니다. 어떤 의미에서든지 완전 구속redemption과 더불어 시작됩니다. 내면생활의 진보는 이 세상에서 이루어집니다. 이 세상에는 항상 하나님을 찾는 갈급함이 있습니다. 하나님과 반대되는 모든 것을 피하고, 하나님과 반대되는 모든 것으로부터 정화된 갈망이 있습니다.

내면생활의 종착점은 이 세상입니다. 부언하자면, 나는 안식의 상태, 그리고 주권적 선 안에서 만족하는 상태를 말합니다. 이렇게 하나님 안에 안식하는 상태가 영혼이 처음 하나님을 알려 하는 순간부터 갈망하는 것입니다.

이 세상에서의 내면생활의 완성을 말할 때에는 그것이 다음 세상에서 하나님 안에서의 진보를 방해하지 않는다는 것을 기억해야 합니다. 그 상태가 (피조물의 행동에 관해서는) 이 세상에서 완성될 수 있지만, 그것은 하나님의 완전하게 하시는 손과의 관계에서만 완성됩니다.

인간의 몸을 예로 들어 이것을 증명해 보려 합니다.

몸의 지체들 모두가 갖추어져 있을 때, 우리는 그 몸이 완벽하다고 말합니다. 우리 주위에는 절름발이, 장님, 벙어리 등이 있습니다. 그들의 몸은 지체들을 모두 가지고 있지만, 그것들이 성숙하지 못하고 완전하지 못합니다. 차이점은 거기에 있습니다. 우리는 성숙한 몸, 모든 면에서 균형잡힌 몸, 그

지체들을 충분히 활용할 수 있는 몸을 원합니다.

그러나 이러한 성숙함 외에, 다른 형태와 다른 아름다움이 있습니다. 그것은 무엇일까요? 몸이 완벽한 지체들을 완벽하게 갖추고 있는 것, 그리고 장성하고 조화를 이루고 완벽한 형체를 갖춘 몸과의 관계에서 완벽한 비율과 색과 조화를 소유하는 것입니다.

아름다움과 조화와 균형을 갖춘 몸은 각 부분에 있어서나 전체적으로나 완전하고 성숙한 몸이라고 생각됩니다. 그러나, 이것은 장차 인간의 몸의 영화榮化와 함께 이루어질 완전함과 비교할 수도 없습니다. 현재의 몸의 성숙함은 부활하여 영광의 상태에 있는 몸과 비교할 수 없습니다.

완전히 성숙한 내면생활도 이런 식으로 볼 수 있습니다. 물론 우리는 다음 세상에서, 우리의 썩을 몸이 썩지 않을 것을 입고 영적인 존재가 될 때에는 완전히 다른 완전함을 누릴 것입니다.

그럼에도 불구하고, 이 세상에서의 성숙함, 각 부분이 온전하고 완전해지고, 모든 부분들이 다른 부분들과 서로 조화를 이룸으로써 성장과 균형과 아름다움과 조화에 있어서 완전히 성숙한 완전체가 되는 성숙함이 있습니다.

변명의 단장들

- 완전한 사랑은 자기의 유익을 생각하지 않습니다.

- 하나님에게서 아무 것도 강탈하지 않는 것…아무 것도 거부하지 않는 것…하나님께 아무 것도 요구하지 않는 것…이것이 온선함입니다.

- 불평 없이 십자가를 지는 사람들은 많지만, 치욕을 기꺼이 감수하는 사람은 극히 드뭅니다.

- 사람이 하나님께 이르기 위해서 하나님이 주신 모든 선물들을 기꺼이 포기하려는 충실한 마음을 나타낼 때, 하나님은 그 사람이 구하지 않은 선물들을 풍성히 부어주십니다.

- 중심을 발견한 영혼은 매우 튼튼해지기 때문에, 외부로부터 오는 것을 두려워하지 않습니다.

- 합일의 목적은 영혼을 완전히 튼튼하게 하여 더 이상 초심자들을 공격하는 의기소침을 당하지 않게 하는 데 있습니다. 초심자들은 내면에 있는 은혜가 매우 약하기 때문에 쇠퇴나 몰락을 경험합니다.

- 내적인 십자가를 동반하지 않는 외적인 십자가는 사소한 것에 불과합니다. 외적인 십자가를 동반하는 내적인 십자가는 무척 고통스럽습니다.

- 신자는 사방에서 오로지 십자가만 감지합니다. 그럼에도 불구하고 십자가는 십자가의 형상을 취하고 있는 사랑하는 신랑이십니다. 주님은 우리가 슬퍼할 때에 가장 절실하게 우리에게 현존하십니다. 그러한 시기에 주님은 우리 마음 한복판에 거하십니다.

- 주님은 종종 자신이 선택하신 자의 비천한 외형이 다른 사람들…심지어 그 신자의 은혜의 동참하는 사람들의 기분을

상하게 하는 것을 허락하십니다. 그 결과 종종 하나님께서 택하신 사람의 은혜에 동참하는 사람의 삶에서 원하시는 결과를 얻으신 후에, 그들은 그 사람을 버리고 떠나는 일이 발생합니다.

• 우리 주님 및 주님의 방법들과 관련하여 어떤 것들은 그것들이 완전히 찬양을 초월한다고 선포해야만 가치 있다고 간주될 수 있습니다.

• 우리의 내면에서 이루어지는 하나님의 모든 작용은 두 가지를 지향합니다: 하나는 영혼을 사악함과 그 타락한 본성의 악함에서 구하는 것입니다. 나머지 하나는 내면, 즉 영혼 자체를 하나님께 복귀시키는 것입니다. 즉 그것을 순수하고 깨끗한 상태로 회복시키는 것입니다.

• 진보한 영혼들은 종종 다소 놀라운 일을 경험합니다. 하나님은 낮보다는 그들이 밤에 잠들었을 때에 더 강력하게 작용하시는 듯합니다.

• 외면은 깊이 잠든 육신처럼 마비되었지만 하나님을 찾는 영

혼 안에는, 그 영혼과 하나님의 연합을 유지해주는 은밀한 활력을 보유하고 있는 꾸준한 마음이 있습니다.

• 하나님께 이른 신자에게는 더 이상 겨울이 존재하지 않습니다. 나머지 세 계절이 합하여 하나가 된 계절이 있습니다. 내면의 겨울에 이른 영혼들은 영성생활의 모든 계절들을 통과합니다. 그 후에 다시 봄 · 여름 · 가을이 결합된 영속적인 계절로 들어갑니다. 봄의 온화함이 여름의 더위나 가을의 결실을 막지 못합니다. 여름 더위가 봄의 아름다움이나 가을의 풍성함을 방해하지 않으며, 가을의 열매들은 봄의 즐거움이나 여름의 열정을 방해하지 않습니다. 오, 행복한 땅이여, 너를 소유할 수 있는 사람들은 행복하다.

• 하나님과의 연합에 이르기를 갈망하는 신자는 자신은 무요 하나님이 모든 것이 되신다고 확신해야 합니다. 그는 자신의 이기적 본성을 경멸하고 미워하며, 하나님만 존중하고 사랑해야 합니다. 그렇게 함으로써 하나님과의 연합에 이를 수 있습니다.

- 하나님께서 예수 그리스도의 마음 안에서 다스리시듯이, 그리스도도 깨끗한 마음 안에서 다스리십니다. 그곳에는 그리스도를 거부하거나 불쾌하게 하는 것이 전혀 없습니다. 이 내면의 장소는 우리에게는 하나의 나라이며, 우리를 왕이신 그리스도의 지위에 동참하게 해줍니다. 아버지께서 주 예수님에게 나라를 배정해 주시고, 그 나라의 영광을 아들과 함께 누리시듯이, 아들께서도 그 상태를 우리와 함께 누리십니다.

- 영혼이 더 이상 외부에서 발생하는 일들의 방해를 받지 않는 통일성 안에서 완전하거나 장성하게 되면, 신자의 입에는 그 상태에 적합한 찬양이 불어넣어집니다. 영혼의 침묵의 말과 몸의 분별 있는 말 사이의 아름다운 조화가 성숙한 찬양을 형성합니다.

이 시점에서 성령을 위한 순교자들이 사람들이 있습니다. 즉, 영혼 안에 성령의 다스림이 시작되었다는 진리를 선포하기 위해, 특히 자신이 개인적으로 완전히 성령의 임재와 영향력을 의존한다는 것을 선포하기 위해서 고난당하는 사람들이 있습니다. 이것이 순수한 사랑의 교리, 성화와 우리 안에 거하시는 성령의 교리입니다. 그분은 우리의 생명의 생명이십니다.

• 맹목적으로 하나님의 뜻을 따르는 신자들은 사람들을 도와 내면의 길로 인도하곤 합니다. 그들은 더 이상 잃을 것이 없고 또 자신과 관련하여 아무런 불안도 느끼지 않기 때문에, 하나님은 사람들을 하나님의 뜻의 길로 이끌기 위해서 그러한 사람을 사용하실 수 있습니다. 물론 아직도 자아에 속한 것을 많이 소유하고 있는 사람들은 이러한 목적에 사용될 수 없습니다.

그들은 그 순간에 하나님이 원하시는 것은 전혀 보류하지 않습니다. 하나님은 종종 다른 신자의 길을 방해하고 있는 모든 것들을 우리가 지적하는 것을 허락하지 않으십니다. 그 사람은 그 이상의 것을 감당할 수 없기 때문에, 우리는 그저 일반적인 말로 그에게 말해줍니다.

그리스도께서 가버나움 사람들에게 가혹한 말을 하셨듯

이, 우리도 때때로 가혹한 말을 할 수도 있지만, 그럼에도 불구하고 주님은 그 말을 듣는 사람에게 그것을 감당할 힘을 주십니다.

- 나에게 큰 고난을 초래하는 영혼들이 있습니다. 그들은 타협과 공론으로 가득하며, 사람들이 자기에게 편의를 제공하고 자기의 성향에 맞추어 주기를 원합니다. 나는 그들을 이기적인 사랑 때문에 아무 것도 그들에게 공급해줄 수 없습니다. 혹 그렇게 하려고 노력할 때에는, 나 자신보다 강력한 손이 나를 억제합니다. 그런 사람에게는 하나님이 제공하시는 것보다 더 많은 장소를 내 마음에서 내어줄 수 없습니다. 나는 그들의 피상적인 상태에 적응할 수 없으며, 또 그들이 고백하는 우정에 반응할 수 없습니다. 나는 그들을 불쾌하게 느낍니다.

내 마음에 지하는 사랑은 본성적인 사랑이 아닙니다. 그것은 자신과 일치하지 않는 것, 즉 하나님의 마음과 조화를 이루지 않는 것을 거부하는 깊음에서 생겨납니다.

나는 아이와 함께 있으면 안아주게 되며, 어린아이와 같은 영혼을 사모하게 됩니다. 나는 겉 사람은 존중하지 않고, 영혼의 상태, 하나님과 영혼의 친근함 및 하나님과 하나가 되려는 경향을 존중합니다. 하나님 안에 있는 영혼의 연합만이 유일하게 완전한 연합입니다. 그것은 부활의 생명이 신자의 영혼 안에서 완전히 힘을 얻은 후에 하늘과 땅에서 이루어질 것입니다.

- 그림자가 가장 크고 진할 때에, 빛이 가장 약합니다. 마찬가지로, 신자들이 자신을 가장 위대하게 볼 때에 하나님 앞에 서는 가장 보잘것없습니다.

- 내면생활, 그리고 인간의 의지와 주님의 뜻의 통일, 이 부분은 사람들이 침입해서는 안 되는 분야입니다. 즉, 하나님께서 성령에 의해 준비하시고 부르신 사람들만이 그곳에 갈 수 있습니다. 그러나 이것은 문제를 야기합니다. 간절하게 거룩한 연합의 첫 열매를 원하여 그러한 경험을 소유한 사람은 이 은혜를 다른 사람들과 함께 나누며 자신의 경험을 널리 알리려는 강력한 갈망을 느낍니다. 이 사람은 자신에

게만 개인적으로 은밀하게 주어진 작은 은혜를 취하여 모든 사람에게 나누어주고 있다는 것을 깨닫지 못합니다. 그러한 신자는 자기의 등장에 부어진 성령의 기름을 지나치게 거리낌없이 내놓은 사람입니다. 지혜로운 사람은 자기의 기름을 조심스럽게 지키다가 결국 신방으로 들어갈 것입니다. 그 때에는 어린양이 그들을 비추어주는 빛이시므로, 그들은 기름을 나누어주어도 좋을 것입니다.

- 발가벗겨진 믿음과 완전한 포기는 언약궤를 덮고 있는 두 그룹 천사로 비유될 수 있습니다. (하나님은 속죄소에서 말씀을 전하십니다). 믿음은 영혼을 덮고서 자신을 성찰하지 못하게 하고

  자신과 반대되는 것을 보지 못하게 합니다. 포기는 그 영혼을 다른 편에 감추어두고서, 영혼이 자신을 존중하지 못하게 하고, 자신의 손해나 이익을 보지 못하게 함으로써 자신을 완전히 하나님의 수중에 맡기게 만듭니다.

  그러나 믿음과 포기는 언약궤 위의 두 그룹천사들처럼 서

로를 바라봅니다. 전자는 후자가 없이 존재하지 못하며, 따라서 잘 구제된 영혼 안에서는 모두가 필요합니다. 포기가 믿음에 종속할 때에 믿음은 포기에 대해 완전히 반응합니다.

하나님께로 가는 길

The Way to God

내게 주신 영광을 내가 그들에게 주었사오니

이는 우리가 하나가 된 것 같이

그들도 하나가 되게 하려 함이니이다.

-요한복음 17:22-

제1부

하나님께로 가는 여정

제1단계: 회심

1. 첫 단계는 영혼이 하나님께로 돌아가는 것인데, 이때 참으로 회개한 영혼은 하나님의 은혜에 의해 존속합니다.

제2단계: 하나님의 뜻을 만남

2. 영혼은 실제적으로 하나님의 뜻을 만나는 경험을 합니다. 이 경험은 영혼으로 하여금 묵상하게 하며, 하나님은 내면에 계시므로 그곳에서 하나님을 구해야 한다는 것, 하나님

은 마음 안에 계시므로 그곳에서 하나님을 누려야 한다는 것을 가르칩니다.

3. 처음에는 이러한 발견이 영혼에게는 큰 기쁨의 근원이 됩니다. 왜냐하면 그것은 장차 다가올 행복의 암시나 약속이기 때문입니다. 처음 시작할 때에는 영혼이 찾아가는 길이 개방되어 있으며 내면생활의 길인 것처럼 보입니다. 이 지식은 영혼의 행복의 샘이요 내적 진보의 견고한 기초이기 때문에 한층 더 바람직합니다. 단순히 지성에 의해서 하나님을 향하는 경향이 있는 영혼들은 어느 정도의 영적 관상을 누릴 수도 있지만, 그 길을 버리고 내적 접촉의 길, 모든 것이 하나님의 뜻 안에서 이루어지는 길에 들어서지 않는 한 결코 본질적인 연합에 들어갈 수 없습니다.

4. 맹목적인 포기에 의해서라도 이 길로 인도함을 받은 사람들은 기분 좋은 지식을 경험합니다. 그들은 자신을 인도해 주는 분명한 빛을 받고 길을 분명히 보았기 때문에, 감추어진 의지의 불가해한 통로로 들어가지 않는 전자처럼 지성의 빛에 의해서 걸어가지 않습니다. 감추어진 의지의 통로는 후자

를 위해 예비된 것입니다. 전자는 이성의 도움을 받아 자신의 조명에 의해 제공되는 증거에 의해 행동하지만, 후자는 미지의 길임에도 불구하고 지극히 당연한 것처럼 보이는 길을 맹목적으로 따라가야 하지만, 지적 조명 안에서 현혹되는 사람들보다 더 확실하게 나아갑니다. 그들은 자기들이 원하는 것과는 상관없이 자기들을 인도하는 탁월한 뜻의 인도를 받습니다. 또한 영혼의 중심, 즉 의지의 통일체가 된 세 가지 능력 안에서는 한층 더 직접적인 작용들이 이루어집니다. 그곳에서 그것들은 모두 흡수되어 서서히 하나님의 손길Touch에 의해 그들을 위해 정해진 길을 따릅니다.

5. 후자에 속하는 사람들은 믿음과 절대적인 포기의 길을 따라갑니다. 그들은 다른 길을 좋아하지 않으며, 또 그렇게 할 자유도 없습니다. 다른 것들은 그들을 구속하고 혼란하게 만듭니다. 그들은 다른 사람들보다 더 큰 메마름 속에 거하게 됩니다. 이는 그들의 정신이 명확한 것을 사모하지 않기 때문에, 그들의 생각들은 집중할 대상이 없이 방황하기 때문입니다. 영혼들에는 차이가 있어 어떤 영혼은 감각할 수 있는

즐거움을 소유하고 어떤 영혼은 보다 메마른 것처럼, 하나님의 뜻의 인도함을 받는 영혼들에게도 차이가 있습니다. 전자에 속하는 영혼들은 의욕은 많지만 확실히 획득하는 것은 적습니다. 그들은 지나치게 열망하는 성향을 억제해야 하며 사랑으로 뜨겁게 타오르는 것처럼 보이는 감정들의 스러짐을 감수해야 합니다. 후자는 더 혹독하고 무감각한 것처럼 보이며, 그들의 상태는 지극히 자연스러운 것처럼 보입니다. 그럼에도 불구하고 그 의지의 깊은 곳에는 미묘한 것이 있어서, 그들을 양육하는 데 기여합니다. 그것은 다른 사람들이 지성과 열정적인 목적 안에서 경험하는 바 응축된 본질condensed Essence입니다.

6. 그러나 이 지원은 매우 미묘하기 때문에 아주 작은 것에 의해서 감지할 수 없게 되거나 감추어집니다. 특히 시험과 시련을 당할 때에 그것은 큰 고난의 근원이 됩니다. 의욕과 지원이 미묘하고 감추어져 있으면 의지도 대체로 그와 동일한 특성을 소유하므로, 그러한 영혼들은 강력한 의지를 소유하지 못합니다. 그들의 상태는 더 무관심하고 무감각해지며, 그

들의 길은 더 평온해지지만, 그렇다고 해서 그들이 다른 사람들보다 더 가혹하고 심한 어려움을 당하지 않는 것은 아닙니다. 그들은 결코 충동적으로 행동하지 않기 때문에 모든 일이 자연스럽게 발생하며, 그들의 감추어진 연약하고 무감각한 뜻은 적에게 대항하지 않습니다. 그러나 그들은 다른 사람들보다 충성합니다. 베드로와 요한의 차이점에 주목하십시오. 열심이 흘러넘치는 것처럼 보이는 베드로는 하녀의 말 한 마디에 예수님을 배반했지만, 특별히 겉으로 표현하지는 않았던 요한은 끝까지 충성했습니다.

7. 당신은 "영혼들이 강력한 힘의 자극을 받지 않은 채 맹목적으로 행하는 것이 하나님의 뜻을 행하는 것인가?"라고 질문할 것입니다. 그렇습니다. 그들은 분명한 확신이 없지만 하나님의 뜻을 행합니다. 하나님의 뜻이 그들의 내면 깊은 곳에 지워지지 않는 문자로 새겨지기 때문에, 다른 사람들이 절묘한 기쁨을 받음으로써 성취하는 것을 그들은 거역할 수 없는 확고한 포기와 더불어 수행합니다.

8. 따라서, 그들은 이 거룩한 하나님의 손길의 영향 아래 기

분 좋은 믿음에 의해서 한 단계씩 나아가면서, 메마름과 하나님의 현존의 즐거움이 꾸준히 교대하는 것을 경험합니다. 그들은 즐거움이 끊임없이 깊어지고 감지할 수 없게 되어 점점 섬세하고 내면적인 것이 되는 것을 발견합니다. 또한 그들은 분명한 조명이 없는 메마름 속에서도 동일한 빛의 비추임을 받는 것을 발견합니다. 왜냐하면 이 상태는 그 안에 거하는 영혼에게는 어둡지만, 그 자체는 본질적으로 빛나는 상태이기 때문입니다. 따라서 그들은 진리, 자신의 내면에 심겨진 진리를 보다 많이 알게 되는데, 그것은 모든 것으로 하여금 하나님의 뜻에 복종하게 만듭니다. 이 하나님의 뜻이 점차 그들에게 친숙해지면, 그들은 이성과 지식의 빛에 의해서는 발견할 수 없었던 무수히 많은 신비들을 통찰할 수 있게 됩니다. 그들은 무의식중에 조금씩 자신이 따라가야 할 상태에 대비합니다.

9. 이 상태에서는 메마름과 평이함이 교대로 임합니다. 전자는 우리가 하나님을 향유하기 위해 소유하는 본성적인 취향과 성향, 또는 애착을 정화해주었습니다. 따라서 전체적으

로 이 단계에서는 시험이나 특정한 허물들의 뒤섞임이 없이 즐거움과 메마름과 평이함이 교대합니다. 어느 상태에서든 처음부터 은혜의 기름부음이 많은 악에서 우리를 보호해주는 내면적인 즐거움의 계절에 본성적인 허물들이 우리를 미혹하기 쉽습니다. 지금까지 다룬 모든 상태에서 영혼은 그 악한 습관들과 싸우며, 온갖 종류의 고통스러운 자기 부인에 의해서 그것들을 극복하려고 노력합니다.

10. 처음 하나님께서 그 얼굴을 내면으로 돌리실 때에, 영혼은 그 영향을 크게 받기 때문에 자신의 뜻과는 달리 모든 즐거움을 끊어버리고 온갖 종류의 불행을 짊어지게 됩니다. 이런 점에서 하나님은 어떤 사람에게는 전혀 유예를 주지 않기 때문에 결국 본성적인 생활, 즉 좋아하는 것과 싫어하는 것 등의 욕망으로 표현되는 표면적인 감각과 관련된 삶이 완전히 파괴됩니다.

11. 이와 같은 외적 감각의 욕망과 반감의 파괴는 두 번째 단계에 속합니다. 나는 이 단계를 의지 안에 있는 효과적인 손길이라고 표현해왔으며, 특히 내면의 끌어당김이 활발하고

기분 좋은 기름부음이 주어질 때에 가장 큰 덕이 실천됩니다. 왜냐하면 하나님께서는 영혼이 항상 자아를 정복하고 극복할 수 있게 하기 위해서 모든 계획을 밝히시기 때문입니다. 그리하여 은혜로운 기름부음을 동반한 이 꾸준한 실천에 의해서 마침내 영은 본성을 억제하게 되며, 내적인 부분은 저항 없이 복종하게 됩니다. 그 때에는 마치 외적인 느낌이 완전히 제거된 것처럼, 더 이상 이것으로부터 고통이 생겨나지 않습니다. 제대로 가르침을 받지 못한 사람들은 이 상태를 죽음의 상태로 오해합니다. 그것은 실제로 감각의 죽음이지만, 영의 죽음과는 거리가 먼 것입니다.

제3 단계: 수동성과 내면의 희생

12. 우리가 얼마 동안 많은 고통을 대가로 얻은 승리의 휴식을 누리고, 힘을 완전히 상실한 원수로부터 영원히 구출되었다고 상상할 때, 세 번째 단계에 이릅니다. 이것은 다소 기분 좋은 믿음의 길way of faith입니다. 우리는 메마름과 평이함

이 교대되는 상태에 들어갑니다. 영혼은 이 메마름 안에서 외적인 약점들, 본성적인 결점들을 인식하는데, 그것들은 작은 것임에도 불구하고 불시에 영혼을 점령합니다. 또한 영혼은 싸움을 하기 위해서 받았던 힘이 서서히 사라지는 것을 느낍니다. 이는 우리가 활동적인 내면의 힘을 상실하기 때문입니다. 영혼은 둘째 단계에서 자신이 하나님 앞에서 침묵했다고 생각하지만, 완전히 침묵한 것은 아닙니다. 그는 입으로나 마음속으로 말을 하지는 않았지만, 적극적으로 하나님께 이르려고 노력했고 끊임없이 사랑의 호흡을 내쉬었습니다. 따라서 하나님의 사랑이 발휘하는 가장 강력한 사랑의 행위의 주체가 되어 그 대상을 향해 끊임없이 달려가고 있습니다. 그 행위에는 즐겁고 항존적인 평화가 동반됩니다. 우리는 이 사랑의행위로부터 본성을 극복할 힘을 얻는데, 그 때에 가장 큰 덕과 가장 엄격한 고행을 실천합니다.

13. 사랑의 수동성 안에서 이러한 활동이 쇠퇴하고 상실됨에 따라서 저항하는 힘도 약해지고 감소됩니다. 이 단계가 진행되어 영혼이 점점 더 수동적이 되면서, 싸움에서 영혼은 더

욱 무력해집니다. 내면에서 하나님이 강해지시면, 우리는 약해집니다. 어떤 사람은 이렇게 저항하지 못하는 것을 하나의 큰 시험으로 간주하지만, 그런 사람들은 은혜의 도움을 받아 이루어지는 우리의 수고로는 외적 감각의 정복만 이룰 수 있을 뿐, 그 다음에는 하나님께서 점차 우리의 내면을 소유하시고 우리를 정결하게 하신다는 것을 알지 못하는 사람들입니다. 하나님은 우리로 하여금 사랑의 활동 안에 존속하게 하시는 동안에 우리에게 경계를 요구하셨지만, 이제 육을 영에게 복종시킴으로써 스스로 주가 되시기 시작하면서 우리로 하여금 하나님께 충성하여 하나님으로 하여금 일하시게 할 것을 요구하십니다.

14. 우리의 외적인 완전함은 내면에 의존하며 또 내면을 따라야 합니다. 따라서 우리는 비록 단순한 것이라도 적극적으로 헌신할 때에는 기호에 맞지 않아도 단순하게 헌신합니다.

15. 두 번째 단계는 외적 감각의 파괴를 이루며, 세 번째 단계는 기분 좋은 피동성에 의해서 내적인 것의 파괴를 이룹니다. 그러나 그 때에 하나님은 내면에서 역사하시므로 외적인

것을 무시하는 듯이 보입니다. 이런 까닭에 사라졌다고 생각했던 결점들이 메마른 시기에만 미약하게 다시 출현합니다.

16. 세 번째 단계의 종착점에 가까이 감에 따라, 우리의 메마름은 더 빈번하고 오랫동안 지속되고 우리는 더욱 연약해집니다. 사랑의 활동이 우리의 외적인 느낌들을 종식시키듯이, 이것은 우리의 내적인 느낌들을 파괴하는 데 이바지하는 정화입니다. 각 단계에서 메마름과 즐거움이 교차합니다. 메마름은 그 다음에 등장할 즐거움을 정화하는 역할을 하는데, 그 메마름과 연약함 때문에 항상 고통스럽습니다. 우리가 무능하여 스스로 만든 것을 죽이는 일을 멈추는 순간, 하나님께서 우리의 능력에 따라 나누어주시는 십자가들을 파괴하는 일이 시작됩니다. 그것들은 영혼이 선택한 것이 아니며, 하나님의 내적 인도하심을 받는 영혼이 하나님이 주시는 대로 받는 것입니다.

제4 단계: 벌거벗겨진 믿음

17. 네 번째 단계는 벌거벗겨진 믿음naked faith입니다. 이 단계에는 내적 쓸쓸함과 외적인 쓸쓸함만 있습니다. 왜냐하면 내적 쓸쓸함 뒤에는 외적인 쓸쓸함이 따르기 때문입니다.

18. 모든 단계에는 시작과 진행과 완성이 있습니다.

19. 이 단계에서는 지금까지 주어졌던 것과 수고하여 얻은 것이 서서히 제거됩니다.

20. 이 단계는 가장 오랫동안 지속됩니다. 또 영혼이 자아에 대해서 죽을 만큼 쓸쓸함을 감내하려 할 경우에, 이 단계의 종착점은 완전한 죽음입니다. 첫 단계를 통과하지 못하는 영혼들이 무수히 많으며, 이 단계에 이른 영혼들 중에서도 내면에서 완전한 사역이 성취되는 영혼은 극히 드뭅니다.

21. 어떤 영혼들의 내면에서는 이 쓸쓸함이 거세게 발생합니다. 그들은 다른 영혼들보다 더 많은 고통을 당하지만 불평할 이유가 없습니다. 왜냐하면 그들이 당하는 심한 고통 자체

가 일종의 위로이기 때문입니다. 개중에는 단지 약함과 모든 일에 대한 일종의 싫증을 경험하는 영혼들이 있는데, 그러한 현상은 겉으로는 의무를 이행하지 못하며 순종하려 하지 않는 태도로 나타납니다.

22. 이 단계에서 우리는 자발적인 행위를 박탈당하며 이전 단계에서 행했던 것들을 행할 수 없게 됩니다. 이러한 현상이 심화되면, 우리는 모든 일에 대해 전반적인 무능함을 느끼기 시작하는데, 이 느낌은 날이 갈수록 커집니다. 우리는 점차 이러한 약함과 무능함에 사로잡히며 "나의 행하는 것을 내가 알지 못하노니 곧 원하는 이것은 행하지 아니하고 도리어 미워하는 그것을 함이라"(롬 7:15)고 말하는 상태에 이릅니다.

23. 이렇게 내적인 것과 외적인 것 등 본질적인 것이 아닌 모든 것이 제거된 후에, 남은 것을 토대로 영적 사역이 시작됩니다. 그리고 우리를 만족하게 하던 삶, 즉 기독교적인 삶으로 변화된 고결한 삶이 사라짐에 비례하여, 우리의 내면의 즐거움과 실질적인 지원도 제거됩니다. 이 지원이 점점 약하고 희미해짐에 따라, 그에 대한 상실감도 더 현저해집니다.

그러나 그것은 분명한 활동을 하지 않고 감지할 수 없는 상태로 여전히 영혼 안에 존재하며, 다만 우리가 그것을 의식하지 못할 뿐입니다. 만일 그것이 감추어지지 않는다면, 자아의 상실과 죽음은 이루어질 수 없을 것입니다. 그것은 내면으로 물러가서 완전히 자신을 폐쇄하기 때문에 영혼은 그것의 존재를 의식하지 못합니다.

24. 이러한 경로를 따라가야 할 이유가 있습니다. 지금까지 걸어온 길의 목적은 영혼으로 하여금 다양성을 통과하여 다양성이 없고 감각할 수 있는 분명한 것에게로, 감각할 수 있는 분명한 것에서부터 감각할 수 없는 분명한 것에게로, 그 다음에는 감각할 수 있는 불분명한 것에게로 가게 하려는 것이었습니다. 감각할 수 있는 불분명한 것은 감각할 수 없는 분명한 것보다 훨씬 매력적이지 못한 일반적인 즐거움입니다. 그것은 처음에는 활발하며, 영혼을 인식된 것에게로 인도하는데, 그것은 전자보다도 순수하고 덜 섬세한 즐거움입니다. 인식된 것에서부터 사랑에 의해 지탱되고 역사하는 믿음으로 인도되며, 감각적인 것에서 영적인 것에게로, 영적인 것

에서 적나라한 믿음으로 들어갑니다. 이 적나라한 믿음은 이제부터 우리가 오직 하나님의 생명의 근원에서 살게 하기 위해서 우리로 하여금 모든 영적인 경험에 대해 죽게 함으로써 자아에 대해서 죽어 하나님께로 가게 만듭니다.

25. 그 때에 우리는 은혜의 경륜 안에서 감각할 수 있는 것과 더불어 시작하여 영적인 것과 더불어 진행하며 영혼을 그 중심으로 인도하여 하나님과 연합하게 만드는 것으로 마칩니다.

26. 이 감지할 수 없는 지원은 깊이 물러갈수록 더욱 영혼을 굳게 결합하므로, 영혼은 더 이상 영향을 끼치거나 인식할 수 없는 무수히 많은 것들 가운데서 자신을 계속 배가시킬 수 없으며, 완전히 벌거벗겨졌기 때문에 자기 자신까지로 버릴 수밖에 없게 됩니다.

27. 영혼에게서 내면의 것과 외면의 것이 동시에 동등하게 무자비하게 제거되며, 설상가상으로 시험이 임합니다. 영혼은 철저히 시험을 받을수록 시험에 저항할 힘이 박탈됩니다.

따라서 영혼은 거센 공격에 복종할 때에 한층 더 약해지고, 마침내 영혼의 내적 지원이 제거됩니다. 그것은 도피처 역할을 하는 동안에는 하나님의 선하심의 증거요 영혼이 스스로에 충실한 증거가 될 것입니다.

28. 어떤 사람은 강력한 원수의 추적을 받습니다. 그는 항상 안전한 요새에 가까이 갈 궁리를 하면서 힘껏 싸우며 자신을 방어합니다. 그러나 싸움이 오래 지속될수록 그는 약해지며, 원수의 힘은 꾸준히 증가합니다. 그는 어떻게 해야 할까요? 그는 충분한 도움을 얻을 것이라고 기대하고서 가능한 한 민첩하게 요새의 입구로 갈 것입니다. 그러나 그가 그곳에 도착하였을 때에는 문이 닫혀 있고, 문지기들은 그를 돕기는커녕 피난처의 모든 구멍을 막아 놓은 것을 발견합니다. 그는 힘센 원수의 수중에 들어가게 됩니다. 그처럼 무방비 상태에서 절망하여 자포자기했을 때에 그 힘센 원수가 자신의 가장 참되고 좋은 친구임을 알게 됩니다.

29. 이 단계에는 모든 선의 박탈, 온갖 종류의 약점들의 축적, 방어의 무력함, 내면의 도피처의 부재 등 모든 것이 포함

됩니다. 하나님은 종종 노하시는 것처럼 보이며, 또한 시험들이 임합니다.

30. 당신이 "만일 내 뜻이 악한 본성 및 연약한 감각과 일치하지 않는다고 확신할 수 있으면 얼마나 좋을까!" 라고 말하는 소리가 들리는 듯합니다. 그렇게 되면 얼마나 좋겠습니까! 그러나 그것은 불가능합니다. 당신이 쇠약해지고 사랑의 작용과 활동이 부족하게 됨에 따라서, 사랑의 활동에 기초를 두고 있으며 날마다 점점 더 약해지고 있는 의지도 점차 사라집니다. 그것은 그 사람 안에서 소멸하고 있는 것에 관계하지 않고 독립합니다. 그러나 그것은 어느 곳에서도 자신을 나타내지 않기 때문에 영혼에게 확실한 지원을 제공하지 않으며, 오히려 그와 반대되는 행동을 합니다. 영혼은 이제 저항의 태도 안에서 의지를 발견하지 못하기 때문에 그것이 모든 일에 동의하고 있으며 인식할 수 있는 유일한 의지인 동물적인 의지와 결합했다고 여깁니다.

31. 앞에서 사랑의 활동의 첫 번째 경쟁에서 본성과 감각이 소진되고 정복되었다고 말한 적이 있습니다. 그것은 사실입

니다. 그러나 자아의 영은 지금까지 은혜로 말미암아 얻는 승리에 의해서 고결해지고, 선하다고 여기는 것에 더욱 애착하며, 더욱 굴하지 않게 되었습니다. 영혼을 정복하기로 결심하신 하나님은 그 목적을 이루기 위해서 영혼이 죽었다고 생각한 본성의 부활을 사용하십니다. 그러나 하나님은 먼저 본성을 죽이고 악의를 제거하고 본성을 거칠고 죄악된 것으로 만드는 것과 탁월한 의지를 구분하신 후에야 비로소 본성을 사용하십니다. 하나님은 독사에게서 독을 추출하여 영혼의 해독제로 사용하십니다. 인간을 완전한 자아의 제물로 만드시는 하나님의 지혜와 은혜의 경륜을 알게 된 사람은 기쁨이 가득할 것이요, 무의식중에 사랑을 배출할 것입니다. 내 마음에 계시되었던 그것의 작은 흔적들은 종종 나를 압도하여 황홀하게 만들었습니다.

32. 이 단계에 충실하려면 우리 자신에 대해 염려하지 않고 자신의 이익을 영원히 하나님께 희생하면서 하나님이 의도하신 한도까지 박탈되어야 합니다. 지극히 작은 것 하나라도 보유하거나 남기기 위해 핑계를 대지 말아야 합니다. 아주 작은

것 하나라도 남기는 것은 우리의 죽음을 방해함으로써 완전하지 못하게 되는 돌이킬 수 없는 손실의 원인이 되기 때문입니다. 우리는 하나님께서 원하시는 대로 일하시게 하며, 사방에서 우리를 공격하는 바람과 태풍을 맞아 큰 파도 밑으로 가라앉아야 합니다.

33. 여기에서 한 가지 놀라운 일이 인식됩니다. 우리는 고난과 비참한 상태에 의해 하나님으로부터 멀어지는 것이 아니라, 오히려 그 때에 하나님이 나타나십니다. 혹시 분명한 약점이 있었다 해도, 하나님은 마치 잠시 영혼은 안심시키려는 듯이 그 환란 중에 하나님께서 영혼과 함께 계셨다는 직접적인 임재의 증거를 주십니다. 이것은 길을 지적해주며 영혼으로 하여금 더욱 자아를 상실하게 하려는 의도를 지닙니다.

34. 이러한 거센 상태들은 계속되는 것이 아니라 완화되기도 합니다. 그렇게 완화되는 것은 한숨 돌릴 공간을 제공하는 동시에 이어질 시련을 한층 고통스럽게 만드는 역할을 합니다. 물에 빠진 사람이 붙잡을 것이 아무 것도 없다면 면도날에라도 매달려 자신을 지탱하려고 하는 것처럼 본성은 그 생

명을 유지하기 위해서 무엇이든지 이용할 것입니다.

제5단계: 신비적 죽음Mystical Death

35. 이처럼 전혀 지원을 받지 못한 채 사방에서 많은 원수의 공격을 받을 때에, 우리에게는 사랑의 팔에 안겨 죽는 것 외에 의지할 것이 없습니다. 죽음이 완성될 때에는 아무리 무서운 상태도 괴로움을 초래하지 않습니다. 우리는 이 모든 상태를 통과했다는 사실로부터 죽음을 인식하는 것이 아니라, 고통을 느끼고 자아에 대해 생각하거나 자아를 돌볼 능력의 절대적인 부족에 의해서, 그리고 생명력의 상징을 조금도 나타내지 않은 채 그곳에 영원히 머무는 데 대한 무관심에 의해서 죽음을 인정합니다. 생명의 증거는 어떤 것에 대한 의지나 반감입니다. 그러나 이 영혼의 죽음 안에서는 모든 것이 똑같습니다. 영혼은 자아와 관련된 모든 것에 대해 무감각하며, 하나님께서 영혼으로 하여금 어떤 고난을 당하게 해도 반감을 느끼지 않습니다. 이제 영혼은 자아를 바라보지 않기 때문

에 천사나 귀신이 되는 것을 선택하지 않습니다. 그 때에 하나님은 영혼의 모든 원수들을 그 발밑에 두시며, 자신을 완전히 버린 영혼을 더 완전히 취하시고 소유하시고 다스리십니다. 이 일은 단계적으로 발생합니다.

36. 영혼의 죽음 이후에도 오랫동안 생생했던 열기는 서서히 사라지지만 그 흔적은 남습니다. 모든 상태는 영혼을 정화하는 데 어느 정도 효과가 있지만, 여기에서 그 과정이 완성됩니다.

37. 우리는 본성적으로는 단번에 죽지만, 영적으로는 그렇지 않습니다. 영적 죽음은 점진적으로 완성됩니다. 우리는 생명과 죽음 사이를 오가며, 어떤 때는 살아있고 어떤 때는 죽어 있다가 결국 죽음이 생명을 정복합니다. 부활도 마찬가지입니다. 생명과 죽음의 상태가 교대로 임하다가 마침내 생명이 죽음을 정복합니다.

38. 새로운 생명은 갑자기 오는 것이 아닙니다. 죽었다가 살아난 사람은 자신이 죽었다가 다시 살았다는 것을 의심할

수 없습니다. 그러나 그 때에 새 생명이 확립되는 것이 아닙니다. 그것은 삶을 향한 성향, 확정된 생명의 상태입니다.

39. 최초의 은혜의 생명은 감각할 수 있는 것들 안에서 시작되어 끊임없이 중심을 향해 내면으로 들어가서 마침내 영혼을 통일체로 만든 후에 사랑의 품 안에서 죽게 만들었습니다. 모든 사람은 각기 특별한 수단에 의해서 이 죽음을 경험합니다. 영혼에게 전해진 생명은 내면에서부터 솟아납니다. 그것은 눈에 뜨이지 않게 그곳에 항상 존재했던 살아있는 배종胚種과 같습니다. 그것은 은혜의 생명이 숨겨져 있었을 수도 있지만 완전히 부재했던 것은 아님을 증명해줍니다. 그것은 죽음의 한복판에서도 그곳에 남아 있었습니다. 또 그 안에는 생명이 감추어져 있었기 때문에 죽음보다 중요한 것이었습니다. 누에가 번데기 속에 오랫동안 죽은 상태로 있지만, 그 안에는 그것을 깨워 살아나게 만드는 생명의 근원이 들어 있는 것과 같습니다. 이 새 생명은 중심에서 싹을 내고 자랍니다. 그것은 점차 모든 감각과 능력에게로 확대되어 그것들에게 생명과 생식력을 주입해줍니다.

40. 이 생명력을 부여받은 영혼은 살아가면서 점점 자신이 아닌 하나님 안에서 무한히 만족합니다.

41. 이 훌륭한 삶의 결과에 대해 언급하기 전에, 먼저 이 고통스러운 죽음을 겪지 않는 사람들이 있음을 이야기해야 합니다. 그들은 오로지 대단한 무기력과 실신을 경험하는데, 그것은 그들을 제압하여 모든 것에 대해 죽게 만듭니다.

42. 많은 신령한 사람들은 앞에서 언급했던 정화를 죽음이라고 말했는데, 그것은 실제로는 완전한 죽음이 아니라 우리에게 전해진 생명과 관련된 죽음입니다. 그것은 결과적으로 본성의 삶이나 은혜의 삶의 소멸을 초래하지만, 생명 전체의 전반적인 소멸과는 크게 다릅니다.

43. 죽음은 표현이나 인식 방식의 차이에 따라서 여러 가지 명칭을 갖습니다. 그것은 우리가 하나님께로 가기 위해서 자아로부터 분리하는 사망departure이라고 불립니다. 피조물의 의지의 완전한 상실이라고 불리기도 하는데, 그것은 영혼이 오직 하나님 안에만 존재하기 위한 것입니다. 선하고 거룩한

피조물을 포함하여 모든 피조물 안에는 이 의지가 있습니다. 따라서 그것이 존재하며 그 안에 인간의 선한 뜻이 존재하는 한, 하나님의 뜻만 남기 위해서는 이 모든 것은 파괴되어야 합니다. 인간의 의지와 육신의 의지에서 생겨난 것들은 모두 파괴되어야 합니다. 그리하면 하나님의 뜻만이 남겨져 새 생명의 원리가 되며, 차츰 소멸된 옛 의지에게 활기를 불어넣고 그 자리를 차지하고서 그것을 믿음으로 변화시킵니다.

44. 영혼은 신비적으로 숨을 거두고 죽는 순간부터 하나님과의 완전한 연합을 방해하게 될 모든 것으로부터 분리됩니다. 그럼에도 불구하고 영혼이 하나님 안에 받아들여지는 것은 아닙니다. 이것은 영혼에게 가장 큰 고난을 초래합니다. 당신은 영혼이 완전히 죽는다면 더 이상 고난을 당할 수 없다고 반박할 것입니다. 그것에 대해 설명하겠습니다.

45. 영혼은 자아로부터 분리되는 순간에 죽습니다. 그러나 이 죽음, 또는 신비적 사망은 영혼이 하나님 안으로 옮겨가야만 비로소 완전해집니다. 그렇게 되기까지, 영혼은 매우 큰 고난을 당하지만, 그 고난은 전반적이고 불분명한 것으로서

영혼이 아직 올바른 곳에 정착하지 않았다는 사실에 기인합니다.

46. 죽음에 선행하는 고난은 죽음을 만들어내는 수단에 대한 우리의 반감 때문에 야기됩니다. 이러한 수단이 재발하거나 교활해질 때마다 이 반감은 재발합니다. 그러나 우리는 죽을수록 점점 더 무감각해지며 공격을 받아 굳어져서 마침내 실제로 생명이 완전히 정지됨으로써 죽음이 임합니다. 하나님은 무자비하게 우리의 생명의 은밀한 은신처로 추적해 들어가셨습니다. 그것은 매우 악하기 때문에 심하게 공격을 받으면 그 피난처에서 자신을 강화하며 생명을 유지하기 위해서 가장 거룩하고 합리적인 구실들을 사용합니다. 그러나 극소수의 영혼은 박해를 받고 최후의 은신처까지 추적될 때에 그러한 구실들을 완전히 포기합니다.

47. 그 때에는 우리의 죽음을 초래해왔으며 우리의 생명을 유지해온 수단들과 정반대의 수단에서 생겨나는 고통은 존재하지 않습니다. 후자의 모습이 거룩하고 합리적인 것처럼 보일수록, 전자의 모습은 그만큼 더 비합리적이고 더럽게 보입

니다.

48. 영혼이 자아를 떠나는 원인, 스스로 착복했던 모든 것을 상실하게 되는 원인인 죽음 이후에 영혼에게서는 완전히 자아가 제거되지만, 영혼은 처음에는 하나님 안에 받아들여지지 않습니다. 그것들이 제거되기 전에는 우리는 자신이 얼마나 강하게 그것들에 매달리고 있는지 알지 못합니다. 자신이 아무 것에도 애착을 느끼지 않는다고 생각하는 사람은 크게 오해하고 있는 사람으로서 자신은 알지 못하지만 무수히 많은 것에 매여 있는 사람입니다. 정확하게 무엇인지는 알지 못하고, 그것들이 제거된 후에도 여전히 무엇인가 인간적인 것이 남아 있지만, 그것 역시 사라집니다. 더러움은 일반적인 불분명한 고난에 의해서 제거됩니다. 그것은 양도되고 완성되므로, 죽음의 수단과는 전혀 관계가 없습니다. 그러나 자신의 위대한 근원에 받아들여지지 못한 채 자아에게서 쫓겨나고 있다는 사실에서 발생하는 불안은 일반적인 고난에 의해서 제거되지 않습니다. 영혼은 자아를 소유하지 못하게 되는데, 자아가 없으면 영혼은 결코 하나님과 연합할 수 없습니

다. 영혼은 거룩한 새 생명에 의해서만 점진적으로 하나님의 소유가 됩니다.

아직 인식하지 못한 하나님과의 연합

49. 주의 품 안에서 죽은 영혼은 즉시 중개물이 없이 하나님과 연합합니다. 이는 영혼이 모든 것을 상실할 때에 그것들 안에 있는 중개물과 수단들도 상실했기 때문입니다. 이 큰 보물들도 중개물에 불과했습니다. 그 순간부터 영혼은 즉시 하나님과 연합하지만, 하나님께서 영혼을 활기차게 하시며 영혼에게 활력을 주시는 원리가 되셔야만 비로소 그 사실을 인식하고 그 연합의 결과를 향유합니다. 신랑의 품에서 기절하는 신부는 신랑과 깊이 연합되어 있지만 그 연합이 주는 복을 누리지 못하며 의식하지도 못합니다. 그러나 신랑이 지나친 사랑 때문에 기절한 신부를 바라보고 부드럽게 어루만짐으로써 정신을 들게 하면 신부는 자신이 사랑하는 신랑을 소유했고 신랑의 소유가 되었음을 인식합니다.

제2부

하나님과의 합일

부활

50. 이렇게 하나님의 소유가 된 영혼의 주인은 하나님이시므로, 영혼은 이제 오로지 하나님이 원하시는 것을 원하시는 대로 행할 수밖에 없습니다. 이 상태는 계속 확대됩니다. 이제 하나님의 뜻의 힘과 생명으로 가득한 영혼의 무력함은 고통이 아니라 즐거움이 됩니다.

51. 죽은 영혼은 하나님과 연합하지만, 부활하기 전에는 그 열매를 맛보지 못합니다. 영혼이 부활할 때에, 하나님은 영혼을 받아들이시며, 거룩한 결혼의 완성을 약속하고 보장하시어 영혼이 더 이상 의심하지 못하게 하십니다. 이 즉각적인

연합은 영적이고 정밀하고 거룩하고 본질적인 것이어서, 영혼은 그것을 이해할 수도 없고 의심할 수도 없습니다. 이러한 영혼들은 지성 안에 아무 것도 소유하지 않으며, 기만과 망상에 시달리지 않습니다.

52. 그들은 믿음의 길을 통과하는 동안 분명한 것을 전혀 소유하지 못했습니다. 분명함은 믿음과 완전히 반대가 되기 때문입니다. 그들은 그런 종류의 것은 전혀 누릴 수 없었고, 그들에게 모든 것이 전달되는 기초인 일반적인 원칙만 소유했습니다. 그러나 하나님 안에서 삶이 진보할 때에는 전혀 그렇지 않습니다. 그들은 자신을 위해서는 분명한 것을 소유하지 않지만, 다른 사람들을 위해서는 소유합니다. 또 그들이 의도하는 사람들에 의해서 항상 받아들여지지는 않지만, 다른 사람의 유익을 위한 그들의 조명은 직접적이고 자연스럽고 확실합니다.

53. 하나님께서 영혼을 일으키실 때, 다시 말해서 영혼을 받아들이시며 말씀의 영이요 생명인 살아있는 배아가 나타나기 시작할 때, 그것은 자아 안에 존재하고 있는 아담의 생명

의 상실에 의해서 우리 안에 거하시는 예수 그리스도의 계시가 됩니다.

54. 음식이 그것을 먹은 사람으로 변화되듯이, 영혼은 하나님 안에 받아들여져서 점차 하나님으로 변화됩니다. 이 모든 일은 영혼의 실존을 상실하지 않은 상태로 발생합니다.

55. 이렇게 시작된 변화는 멸절이라고 불립니다. 왜냐하면 우리 자신의 형태가 변화될 때, 하나님의 것을 입기 위해서 우리 자신의 것은 소멸되기 때문입니다. 이 작용은 살아있는 동안 꾸준히 계속되면서 영혼을 더욱 더 하나님으로 변화시키며, 영혼으로 하여금 하나님의 속성에 더욱 더 참여하게 하고, 확고하고 불변하게 만듭니다. 그러나 하나님은 영혼으로 하여금 하나님 안에서 풍성한 결실을 맺게 하십니다.

56. 이 풍성한 결실은 영혼에게 하나님의 사랑을 전하며, 하나님께서 그 영혼에게 주신 사람들에게로 확대됩니다. 이렇게 맡겨진 사람들을 향한 이 거룩한 영혼들의 사랑은 본성적인 감정과는 거리가 멀며 자녀들을 향한 부모의 사랑보다

무한히 강합니다. 또 그 사랑을 나타내는 사람은 자신에게 전해진 움직임만 따라가므로 그 사랑은 경솔하고 간절한 것처럼 보이지만 실제로는 그렇지 않습니다.

57. 이것을 이해하려면, 하나님께서는 그들의 삶에서 감각과 기능들을 박탈하여 죽게 하신 것이 아니라는 것을 알아야 합니다. 비록 영혼의 중심에 생명이 있어도, 만일 그 생명이 감각과 기능에게 전해지지 않는다면 그것들은 죽은 상태에 머물 것입니다. 그것은 점차 강해지며 그때까지 결실을 맺지 못하는 상태에 머물렀던 모든 능력과 감각들에게 생기를 주어 확장시키고 활동하게 만듭니다. 그러나 그것은 하나님의 계획에 따라서 하나님이 정하시고 하나님으로부터 시작된 활동과 더불어 이루어집니다. 죽어가거나 죽은 상태의 사람들은 그러한 영혼들의 활동을 비난해서는 안 됩니다. 왜냐하면 그들이 놀라운 죽음을 통과하지 않았다면 결코 거룩하게 움직일 수 없었을 것이기 때문입니다. 이 믿음의 시기에 영혼은 움직이지 않지만, 하나님께서 영혼에게 신적 활동을 주입해 주신 후에는 그 영역이 크게 확대됩니다. 그러나 아무리 위대

한 영혼이라도 자아에게서 생겨난 움직임을 죽일 수 없습니다.

하나님 안에 있는 생명

58. 여기에서는 단계들에 대해서 더 말할 것이 없습니다. 즉, 여전히 존속하는 영광, 지나쳐버린 모든 수단, 그리고 우리가 무한히 확장되는 삶을 점점 더 풍성하게 누리는 것 안에 있는 미래 등에 대해서 더 말할 것이 없습니다. 하나님께서 영혼을 하나님 자신으로 변화시키실 때에, 하나님의 생명이 더욱 충실하게 영혼에게 전달됩니다. 피조물을 향한 하나님의 사랑과 배려는 불가해합니다. 하나님은 어떤 영혼들을 끊임없이 추적하시면서 보호하시며 그들의 문 앞에 앉으시며 기꺼이 그들과 함께 거하시고 그들에게 하나님 사랑의 흔적을 남기십니다. 하나님은 마음에 이 순결하고 순수하고 부드러운 사랑의 자국을 남기십니다. 사도 바울과 복음서 기자 요한은 이 사랑을 가장 많이 느꼈습니다. 그러나 그것은 은혜의

상태에서 영혼에게 주어져야 합니다. 그렇지 못한 감정들은 본성적인 것에 불과합니다.

59. 믿음의 상태의 기도는 영혼의 모든 능력을 절대적으로 침묵시키는 것, 그리고 모든 작업을 완전히 종식시키는 것입니다. 이 상태의 영혼은 더 이상 기도를 인식하지 않으며 따로 기도의 시간을 정할 수도 없습니다. 그 영혼은 자신이 온갖 종류의 기도를 완전히 잃었다고 생각하게 됩니다. 그러나 생명이 돌아오면 아울러 기도가 돌아오며, 매우 쉽게 기도할 수 있게 됩니다. 또 하나님께서 감각과 기능을 소유하시므로, 영혼의 기도는 항상 하나님을 향해 드리는 달콤하고 신령한 것이 됩니다. 과거에 드리던 기도는 영혼으로 하여금 하나님을 즐기기 위해서 내면으로 잠겨 들어가게 했지만, 이제 영혼의 기도는 영혼으로 하여금 하나님 안에 더욱 몰입하여 변화되게 하기 위해서 영혼을 자아로부터 끌어냅니다.

60. 이것은 경험에 의해서만 성취될 수 있는 놀라운 차이입니다. 영혼은 죽음의 상태에서 침묵합니다. 그 정적은 메마른 것이며, 광적이고 두서없는 이야기를 수반합니다. 그것은 입

술로나 마음으로 하나님께 말할 수 없다는 것 외에는 다른 침묵의 흔적을 남기지 않습니다. 그러나 영혼이 부활한 후에는 그 침묵이 열매를 맺으며 무한히 순수하고 깨끗한 기름이 부어집니다. 그것은 향기롭게 감각 위로 흘러 퍼지지만, 매우 깨끗하기 때문에 얼룩을 남기지 않습니다.

61. 이제 영혼은 자신이 소유하고 있지 않은 것을 취할 수 없고 소유한 것을 버릴 수 없습니다. 영혼은 자신에게 주어진 인상들을 피동적으로 기꺼이 받아들입니다. 만일 영혼으로 하여금 값없이 주어지는 것들을 향하게 만드시는 하나님께서 그것들에게 필요한 조화를 주신다면, 그 상태에는 고난이 따르지 않을 것입니다. 그러나 그것들의 상태가 영혼을 지탱해주지 않을 것이므로, 하나님께서 그것들이 소유하기를 원하시는 것들은 고난에 의해서 전해져야 합니다.

62. 그러한 사람들이 이러한 수단을 원하지 않고 하나님만 갈망한다고 말하는 것은 옳지 않습니다. 하나님은 그들로 하여금 하나님만 갈망한다고 말하게 만드는 것, 즉 내적으로 자아를 지탱해주는 것에 대해서 죽기를 원하십니다. 만일 그들

이 이러한 수단을 거부한다면, 그들은 하나님의 질서에서 물러나며 자신의 발전을 저지할 것입니다. 그러나 비록 은밀하게 감추어져 은혜와 덕 안에서 결실을 맺는다 해도, 그것들은 단지 수단으로서 주어진 것이기 때문에, 영혼이 하나님 안에서 그 수단과 결합하며 하나님께서 직접 자신을 전해주실 때에 그것들은 사라집니다. 그 때에 하나님은 수단을 거두어가시며, 그 후로는 그것에 집착하는 사람을 향해 어떤 움직임도 가하지 않습니다. 왜냐하면 마침내 그것의 유익함이 인정되면, 그것은 일종의 체류 역할을 할 것이기 때문입니다. 그 때에 영혼은 이제까지 소유했던 것을 더 이상 소유할 수 없고, 그것들과 밀접하게 연합되어 있으면서도 그것들과 관련하여 첫 번째 죽음 안에 머물게 됩니다.

63. 이 부활의 상태에서 말할 수 없는 침묵이 임합니다. 우리는 그곳에 의해서 하나님 안에 존재할 뿐만 아니라 하나님과 교제합니다. 또 그것은 영혼 안에서 자체의 활동을 하지 않습니다. 그것은 그 깨끗함을 더럽히는 것이 없는 하나님의 교제의 밀물과 썰물이 됩니다. 이제 아무 것도 그것을 방해하

지 않습니다.

64. 이때에 영혼은 말할 수 없는 삼위일체의 교제에 참여합니다. 여기에서 영들의 아버지는 영적 풍요함을 나누어주시며 영혼을 자신과 동일한 영으로 만드십니다. 영혼은 자신이 침묵 속에서 전하는 것을 받아들일 수 있을 만큼 깨끗한 영혼들과 교제합니다. 여기에서 순간적인 조명에 의해서가 아니라, 말할 수 없는 비밀들이 감추어져 있는 하나님 안에서 그 비밀들이 계시됩니다. 영혼은 그것들을 소유하지 않으며 그것들에 대해 무지하지도 않습니다.

65. 그 때에 영혼은 영혼 자체에 관하여 분명한 것이 아니라 영혼과 교제하는 영혼들과 관하여 분명한 것을 소유합니다. 영혼은 신경 쓰지 않고 자연스럽게 말하지만, 듣는 사람들에게는 특별하게 보입니다. 영혼의 말을 듣는 사람들은 그것이 자신의 내면에 있음에도 불구하고 그것을 발견하지 못한 채 그것을 놀랍고 분명한 것, 또는 광신적인 것이라고 여깁니다. 아직 은사들 가운데 거하고 있는 영혼들은 순간적이고 분명한 조명을 소유하지만, 분명한 광선, 즉 하나님이 없

는 일반적인 조명을 소유합니다. 그들은 그들이 교제하는 사람들이 요구할 때마다 분명해지는 필요한 것들을 그곳으로부터 얻고, 그 후에는 그것을 전혀 남겨두지 않습니다.

변화

66. 이렇게 하나님 안에 있는 생명으로 충만한 영혼의 거룩한 내적 생명에 대해서 많은 말을 할 수 있을 것입니다. 하나님은 질투하시는 분이시므로 그것을 소중히 간직하며 표면적으로는 굴욕으로 덮습니다. 하나님은 이 영혼의 생명이요 혼이십니다. 따라서 그 영혼은 다른 사람들 때문에 하나님께서 그에게 지우신 고난을 받지만, 마치 바다 속의 물고기처럼 방해를 받지 않고 말할 수 없이 행복하게 하나님 안에서 삽니다.

67. 변화가 크게 진행된 영혼을 매우 단순해졌기 때문에 피조물이나 자신을 생각하지 않고 끊임없이 길을 갑니다. 영혼의 목적은 오직 하나님의 뜻을 행하는 것입니다. 그러나 영혼

은 이 상태에 이를 수 없는 많은 피조물들을 다루어야 하며, 그들 중 일부는 영혼으로 하여금 자아를 돌보고 조심하라는 등 영혼이 할 수 없는 일을 행하라고 강요함으로써 영혼에게 고통을 줍니다. 또 어떤 영혼들은 하나님의 뜻에 일치하지 않음으로써 영혼을 괴롭게 합니다.

68. 그러한 영혼들의 십자가는 가장 힘든 것이며, 하나님은 그들을 가장 큰 치욕 아래 두시며, 그들이 하나님의 기쁨임에도 불구하고 그 외모를 무척 평범하고 연약하게 하십니다. 그때에 예수 그리스도께서 자신을 전하시며, 영혼은 그리스도의 기호와 고난으로 옷을 입습니다. 영혼은 그리스도께서 그로 인해 어떤 대가를 치르시는지, 그의 신실하지 못함 때문에 그리스도가 어떤 고난을 당하시는지, 예수그리스도께서 어떤 속전을 치르시는지, 그리고 그리스도께서 어떻게 자녀들을 낳으셨는지를 이해합니다.

69. 영혼은 이제 하나님으로부터 분리할 수 없으므로, 변화는 하나님과 영혼 사이의 구분의 부족으로 인식됩니다. 영혼은 자신의 근원으로 들어가서 자신의 모든 것이 되시는 분과

재결합하여 그분으로 변화됩니다. 이것은 개략적인 묘사에 불과하며, 나머지 것은 경험에 의해 알게 될 것입니다.

70. 영혼은 그 변화의 완전함에 비례하여 자신 안에서 더욱 확대된 특성을 발견합니다. 모든 것이 확장되고 확대됩니다. 하나님께서는 영혼을 자신의 무한함에 참여하게 하시므로, 종종 영혼은 자신이 무한하다는 것을 발견합니다. 이 놀라운 넓이와 비교해보면, 온 땅이 한 점처럼 보입니다. 하나님의 뜻과 질서 안에 있는 것은 모두 영혼을 넓게 만들고, 다른 것들은 모두 영혼을 축소시킵니다. 이렇게 축소되는 영혼은 빠져나갈 수 없습니다. 하나님의 뜻은 변화를 이루는 수단이요 중심은 의지 안에 연합된 기능들이므로, 영혼이 변화될수록 영혼의 뜻은 하나님의 것으로 변화되며, 하나님은 더욱 영혼을 원하십니다. 영혼은 이 하나님의 뜻 안에서 행동하고 일하며, 하나님의 뜻이 자연스럽게 영혼의 뜻을 대신하기 때문에 영혼은 자기의 뜻이 하나님의 뜻이 되었는지, 아니면 하나님의 뜻이 영혼의 뜻이 되었는지 구분하지 못합니다.

71. 하나님은 종종 이렇게 하나님 안에서 변화된 영혼에게

이상한 희생을 요구하십니다. 그러나 그들은 반감을 느끼지 않고 모든 것을 하나님께 제물로 드릴 것입니다. 제물이 작을수록 대가가 커지며, 제물이 클수록 대가가 적어집니다. 어려움 없이 제물을 드리려는 상태에 이른 영혼에게만 희생제물이 요구됩니다. 예수 그리스도께서 세상에 오신 것에 관해서 이렇게 기록되어 있습니다. "그 때에 내가 말하기를 내가 왔나이다 나를 가리켜 기록한 것이 두루마리 책에 있나이다 나의 하나님이여 내가 주의 뜻 행하기를 즐기오니 주의 법이 나의 심중에 있나이다 하였나이다"(시 40:7-8). 그리스도께서 영혼에 오셔서 그의 살아있는 원리가 되시면, 영혼에 대해 똑같은 말을 하십니다. 그리스도는 영원한 제사장이 되셔서 영혼 안에서 제사장의 직무를 쉬지 않고 행하십니다. 이것은 영혼이 영광에 이를 때까지 계속되는 장대한 일입니다.

72. 하나님은 이러한 영혼들로 하여금 매우 뒤얽힌 길에서 다른 영혼들을 도와주게 하십니다. 왜냐하면 이들은 더 이상 자신에 대해 염려하지 않으며 더 이상 잃을 것이 없기 때문에, 하나님은 사람들을 하나님의 깨끗하고 적나라하고 확실

한 뜻의 길로 인도하는 데 이들을 사용하실 수 있습니다. 아직도 자아에 사로잡혀 있는 사람들은 이 목적에 사용될 수 없습니다. 그들은 아직 하나님의 뜻을 맹목적으로 따르는 상태에 있지 못하고 항상 자신의 추론과 그릇된 지혜를 하나님의 뜻과 혼합하기 때문에, 다른 사람들을 위해 주저함이 없이 하나님의 뜻을 맹목적으로 따르지 못합니다. 주저함이 없다는 것은 이 순간 하나님이 원하시는 것을 주저하지 않고 행한다는 의미입니다. 하나님은 종종 어떤 사람에게 그를 방해하는 모든 것과 그에게 이루어져야 한다고 생각하는 것을 일반적인 표현으로만 지적하게 하십니다. 이는 그 사람이 그것을 감당할 수 없기 때문입니다. 그리스도께서 가버나움 사람들에게 하셨던 것처럼, 우리도 종종 사람들에게 심한 말을 하지만, 그럼에도 불구하고 하나님은 그것을 감당할 수 있는 은밀한 힘을 주십니다. 적어도 하나님은 오로지 하나님 자신만을 위해 선택한 영혼들에게 이렇게 행하시며, 이것이 시금석입니다.

잔느 기욤의 금언

~ 1 ~

잃었던 모든 것을 다시 얻음

　기욘 부인은 "나는 욥의 경험을 영성생활의 거울로 간주합니다"라고 합니다.

　하나님은 욥에게서 은혜와 선물로 주셨던 재물을 빼앗아가셨습니다. 그 다음에는 자녀들을 빼앗아가셨는데, 그것은 그의 자손과 가장 소중히 여기는 산물들인 능력이나 선행을 빼앗아가는 것이었습니다. 그 다음에는 건강을 빼앗아가셨는데, 이것은 덕행의 상실을 의미합니다. 그 다음에는 그로 하여금 병들어 혐오와 멸시의 대상이 되게 하셨습니다. 심지어 이 거룩한 사람이 잘못을 범하고 체념이 부족한 것처럼 보였습니다. 친구들은 그가 범죄했기 때문에 정당하게 벌을 받는 것이라고 비난했습니다. 그의 내면에는 온전한 부분이 하나도 남지 않았습니다. 그러나 그가 뼈만 남아 시체처럼 되었을 때, 하나님은 모든 것, 즉 재산과 자녀와 건강과 생명을 돌려주셨습니다.

그리스도와 함께 십자가에 달려 죽은 사람들도 마찬가지입니다. 그들이 부활하여 새 생명을 얻은 후에는 모든 것이 다시 주어지며, 그것들에게 애착하지 않으며 그것들을 과거처럼 자기 것으로 사용하지 않으면서 그것들을 이용할 수 있는 훌륭한 능력도 함께 주어집니다. 모든 사물을 사용하되 사용하지 않는 것처럼 사용하면서 하나님 안에서 거룩하게 이루어집니다. 이 상태에는 참된 자유와 참된 생명이 있습니다. "만일 우리가 그의 죽으심을 본받아 연합한 자가 되었으면 또한 그의 부활을 본받아 연합한 자가 되리라"(롬 6:5). 무능함과 제한 아래 거하는 것이 자유로운 것입니까? 그렇지 않습니다. "아들이 너희를 자유케 하면 너희가 참으로 자유하리라"(요 8:36). 우리는 주님의 자유를 가지고 자유할 것입니다.

~ 2 ~

멸망과 죽음

 기욘 부인은 "사면으로 나를 헐으시니 나는 죽었구나 내 소망을 나무 뽑듯 뽑으시고"라는 욥의 말에 대해 이렇게 논평합니다:

 "영혼을 완전히 죽게 만드는 수단은 영혼에게서 모든 지원을 거두며 사방에서 공격하는 것입니다. 만일 영혼이 아주 작은 버팀목이나 지원을 발견한다면, 그것을 죽일 수 없습니다. 물에 빠져 죽어가는 사람처럼, 영혼은 버팀목과 지원을 발견하는 한 결코 죽지 않을 것입니다. 비록 사람이 기느다란 실에 의해서라도 바다 위에 매달려 있다면, 그 실이 끊어지지 않는 한 바다에 빠지지 않을 것입니다. 마찬가지로, 우리에게 공격을 받지 않는 작은 공간이 있는 한 우리는 죽지 않습니다. 그렇기 때문에 욥은 자신이 사면에서 공격을 받고 있으므로 자신이 확실히 죽을 것이며 자신이나 하나님에게 둔 소망이 끊어졌을 뿐만 아니라(이것은 사람이 나무를 베어낸 것처럼 작은 일에 불과합니다. 왜냐하면 그것은 항상 다시 싹을 내어 자랄 수 있기 때문입니다), 뿌리째 뽑혀서 다시는 살아나지 못하는 나무처럼 되었다고 말합니다. 이는 아주 훌륭한 비유입니다. 왜냐하면 만일 작은 뿌리라도 남아있다면, 거기에서 다시 싹이 솟아날 것이기 때문입니다. 마찬가지로, 만일 우리 안에 제거되지 않은 이기적인 삶이 조금이라도 남아 있다면, 그것은 점차 싹을 내고 자랄 것입니다. 그렇기 때문에, 하나님은 영혼을 매우 자비로이 대하기를 원하시지만 자아가 조금이라도 남아 있는 것을 허락하지 않습니다."

~ 3 ~

사랑은 지식을 낳습니다

기욘 부인은 요한일서 4장 7, 8절에 대해서 이렇게 논평합니다.

"철학자들이 지적인 노력에 의해서 하나님을 알기 위해서 아무리 노력해도 하나님을 알지 못했습니다. 왜냐하면 그들은 하나님을 사랑하지 않았으며, 세상에서 가장 유식한 사람이라도 사랑이 없는 사람의 지식은 속임수에 불과하기 때문입니다. 피조물들의 사랑은 지식을 함축하지만, 하나님의 사랑은 지식을 낳습니다. 하나님을 알지 못한다면, 다시 말해서 사랑과 경모를 받으시기에 합당하신 하나님이 계시다는 것을 알지 못한다면, 사랑할 수 없습니다. 이 지식만이 우리로 하여금 하나님을 사랑하게 만들 수 있으며, 우리는 하나님을 사랑하자마자 그분이 어떤 분이시며 무엇을 받기에 합당하신 분이신지 알기 시작합니다. 그것은 경험에 의한 지식, 사랑에 의해서만 주어지는 지식입니다. 재산을 실제로 소유한 사람은 단지 재산에 대한 말을 들은 사람보다 그 재산의 가치를 훨씬 깊이 이해합니다. 그렇기 때문에 '맛보아 알지어다'라고 기록된 것입니다. 먼저 하나님이 얼마나 사랑스러운 분인지를 사랑에 의해서 맛보면, 사랑 안에서 당신에게 주어질 지식에 의해서 볼 것입니다. 불가해한 대상을 알기 위해서 정신적으로 노력하는 것이 신앙이라고 여기는 사람들, 그리고 지속적으로 추론하는 것이 기도라고 확신하든 사람들은 무척 잘못 생각하고 있습니다. 그렇지 않습니다. 기도는 지속적으로 사랑하는 것이어야 합니다.

효과적으로 기도하기를 원하십니까? 많이 사랑하십시오. 그리하면 완전히 성공할 것입니다. 사랑 자체이신 하나님을 향한 사랑의 행동과 움직임에 의해서 기도를 시작하십시오. 그리고 당신의 지성을 만족시켜주는 추론을 사용하지 말고 당신의 의지를 조성하지 말고 내버려 두십시오. 사랑에 의해 계속 기도하면서 사랑하는 연인에게 자신을 당신에게 분명히 알릴 수 있는 기회를 드리십시오. 조금씩 사랑에 의해서 하나님께 이르려고 노력하십시오. 그리고 마지막에는 참 사랑, 그리고 우리의 사랑을 받으시기에 합당하신 이 거룩하신 분을 항상 더 완전히 사랑하려는 갈망에 의해서 기도를 마치십시오. 그런데 내가 "기도를 마치십시오"라고 말하고 있군요. 형제들이여, 결코 기도를 마치지 마십시오. 잠시라도 사랑하기를 멈추지 마십시오. 그리하면 쉬지 않고 기도하게 될 것입니다. 하나님에 대한 지식은 독서나 연구에 의해서 얻는 것이 아니라 사랑에 의해서 얻어져야 합니다. 하나님은 사랑에 의해서 자신에 대한 지식을 주십니다. 가장 많이 사랑하는 사람이 가장 많이 압니다.

그러므로 지식은 사랑을 통해 전달됩니다. 예수 그리스도께서 말씀하셨듯이, 우리에 의해서 우리 안에 표현된 하나님의 사랑은 하나님을 감동시켜 우리에게 하나님을 드러내며 우리 안에 자신을 계시하게 만듭니다. 이제 우리는 하나님께서 우리에게 자신을 나타내시는 분량만큼 하나님을 알 수 있고, 또 하나님께서 우리의 사랑에 비례하여 자신을 우리에게 나타내시므로, 가장 훌륭하게 사랑하는 사람은 사랑을 통해서 가장 많이 아는 사람이라는 것이 분명합니다.

로마서 1장 18-22절에서 사도 바울은 본성적인 의식에 의해서 하나님을 알려고 노력하는 사람들, 그리고 하나님을 알고 있으면서도 그분을 하나님으로 경외하지 않으며 사랑하지 않는 사람들이 있다고 말합니다. 이러한 사랑이 없는 학문들은 그들을 더욱 깊이 타락하게 만들었을 뿐입니다. 이것은 사랑이 지식에서 난 것이 아니라 지식이 사랑에 의해 생겨난 것임을 보여줍니다. 물론 사랑이 만들어내는 지식은 그 사랑을 증가시키며, 사랑의 증가는 보다 분명한 지식을 주며, 이런 일이 영원히 계속됩니다. 피조물들은 영원히 더욱 사랑하며 더 많이 알게 됩니다. 새로운 사랑의 불이 타오름에 따라서 새로운 조명이 주어집니다.

사랑은 타오르거나 따듯하게 하며 빛을 비추어줍니다. 불은 뜨겁게 하고 밝게 해준다는 두 가지 불가분의 특성을 지닙니다. 비록 동일한 에너지가 열과 빛을 발산하지만 덥게 해주는 행동이 밝게 비추어주는 행동보다 선행합니다. 만일 우리가 그것을 세밀하게 주시해본다면, 불의 본성은 덥게 하는 것이며, 불은 타오르기 때문에 빛을 발산한다는 것을 알 수 있습니다. 석탄은 뜨거워진 후에 빛을 냅니다. 열이 빛보다 선행합니다. 불속에 넣은 장작은 불이 붙어 타야 빛을 냅니다. 빛이 사라진 후에도 장작에 여전히 열기가 남아있는 것은 열이 빛의 본질이라는 것을 보여줍니다.

우리도 사랑으로 뜨겁게 타올라야 합니다. 그리하면 조명을 받을 것이요 가장 참된 지식을 소유하게 될 것입니다. 이것이 하나님의 사랑과 지식의 적절한 관계입니다.

이 하나님의 사랑은 우리 안에서 이웃 사랑을 만들어냅니다. 왜냐하면 우리는 사랑에 의해서 하나님의 자녀이기 때문에 우리로 하여금 하나님을 아버지로서 사랑하게 만드는 사랑이 또한 이웃을 형제로서 사랑하게 만들기 때문입니다.

~ 4 ~

감추인 만나

기욘 부인은 "거룩한 성경의 신비한 의미"라는 제목의 글에서 다음과 같이 말합니다:

"사람이 인간을 위한 하나님의 사랑과 전능하심을 믿을수록 그만큼 더 많은 맹목적인 포기에 의해서 하나님의 인도하심을 받으며, 더 순수하게 사랑할 것이며, 또 거룩한 성경의 신비한 의미 안에 담겨진 진리를 더 많이 분별하게 될 것입니다. 그 때에 그는 그 안에 모든 내면적인 경험들이 단순하면서도 분명하게 묘사되어 있다는 것을 발견하고 무한히 기뻐할 것입니다. 그는 홍해와 무서운 광야를 건너기 위해 안내자를 만나고서 행복해하는 자신을 발견할 것입니다. 그러나 그는 약속의 땅에 도착한 후에야 비로소 자신의 완전한 행복을 이해할 것입니다. 그곳에 도착한 후에는 과거의 모든 수고가 꿈처럼 보일 것입니다. 그는 큰 기쁨에 도취되었기 때문에 그것이 그가 당한 모든 환란에 의해서 비싼 값을 주고 산 것임을 믿지 않을 것입니다.

애굽 땅에서 나온 많은 사람들 중에서 단 두 명만이 약속의 땅에 들어갔습니다. 어찌하여 그렇게 되었습니까? 용기가 부족하고, 끊임없이 애굽 땅을 떠난 것을 후회했기 때문입니다. 그 백성이 용감하고 신실했다면 불과 몇 달 안에 그곳에 도착했겠지만, 불평과 낙담이 40년 동안 그들로 하여금 광야를 방황하게 만들었습니다. 하나님께서 내면의 길로 인도하려 하시는 사람들에게도 이와 같은 일이 일어납니다. 그들은 보다 순수하고 적나라한 길을 걸으라는 요구를 받았을 때에 애굽의 양파 때문에 불평하는 것이 아니라 감각적인 달콤함 때문에 불평합니다. 그들은 만나처럼 부드러운 음식을 원하는 것이 아니라 감각적인 것을 원합니다. 그들은 지도자에게 반발하며 하나님의 선하심에 의해 유익을 얻기는커녕 하나님의 분노를 일으키고 격노하게 만듭니다. 그리하여 그들은 스스로 매우 먼 길을 만들며 산을 이리저리 돌아갑니다. 그들은 한 걸음 전진하면 네 걸음 후퇴하며, 자신의 허물 때문에 약속된 목적지에 이르지 못합니다. 우리는 용기를 내야 합니다. 도중에 발견되는 난관들 때문에 낙심하지 말고 목표에 이르기 위해 노력해야 합니다. 우리에게는 확실한 안내자, 낮에는 태양 빛으로부터 우리를 감추어주고 보다 확실히 인도해주는 구름이 되시는 분이 있습니다. 믿음의 어둔 밤에는 불기둥이 우리를 인도해줍니다. 믿음이 더욱 희미하고 어두운 것처럼 보일 때에 한층 더 밝게 타오르는 이 불기둥은 거룩한 사랑이 아닐까요? 우리는 이 감추어진 내면의 만나에 만족해야 합니다. 그것은 우리의 감각이 간절히 원하는 고기보다 더 좋은 양분을 우리에게 줄 것입니다. 우리는 욕망의 무덤을 택하지 말고 신비한 무덤을 선택해야 합니다.

~ 5 ~

하나님께 맡기십시오

영혼에게서 빼앗는 일은 반드시 하나님께 맡겨야 합니다. 영혼은 가진 것을 제거하는 일에 있어서 더디겠지만, 하나님은 아무런 장애물을 두지 않고 그 일 및 죽음의 전체 과정을 완벽하게 행하실 것입니다. 그러나 그 일을 스스로 행하는 것은 모든 것을 망치는 것이며, 거룩한 것을 평범한 상태로 만드는 것입니다. 그러므로 영혼에게서 모든 것을 제거해야 한다는 글을 읽거나 듣고서 스스로 그 일에 착수하여 아무런 진보도 이루지 못한 채 계속하는 사람이 있습니다. 이는 그가 자신의 자아를 제거할 때에 하나님은 그들에게 하나님 자신으로 옷 입혀 주시지 않기 때문입니다. 하나님께서 영혼을 벌거벗기시는 목적은 하나님으로 옷 입혀 주시려는 데 있습니다. 하나님은 우리를 부유하게 만들기 위해서 곤궁하게 하시며, 영혼에게서 제거하신 모든 것을 하나님 자신이 대신해 주십니다. 그러나 이것은 이 일에 자기 방식으로 행동하는 사람들에게는 해당되지 않습니다. 그들은 자신의 허물에 의해서 하나님의 선물들을 잃으며, 하나님을 소유하지 못합니다.

~ 6 ~

광야 생활

　기욘 부인은 레위기 16장 9, 10절 "아론은 여호와를 위하여 제비 뽑은 염소를 속죄제로 드리고 아사셀을 위하여 제비 뽑은 염소는 산대로 여호와 앞에 두었다가 그것으로 속죄하고 아사셀을 위하여 광야로 보낼찌니라"에 대해서 다음과 같이 논평합니다:

　"광야에는 두 종류가 있습니다. 하나는 우리 자신에게 적용되는 것으로서, 우리가 다른 사람을 도우려면 반드시 이 광야를 통과해야 합니다. 이것은 우리 자신의 광야입니다. 이것은 모든 것에 대해 죽고 모든 것을 부인함으로써—우리 자신을 철저히 포기하여 우리가 더 이상 존재하지 않는 것처럼 자신과 관련된 것에 참여하지 않음으로써—모든 사물과 우리 자신으로부터 분리하는 것입니다. 자신을 하나님의 수중에서 곤궁하게 내버려 두며, 영원히 하나님 안에 몰입하는 것입니다.

또 하나의 광야는 사도와 같은 사람이 종종 형제 때문에 추방되어 가는 곳입니다. 그는 형제의 약점을 감수하며 하나님에게서 추방되어야 하며, 형제 때문에 그의 상이한 성질을 감수하여 광야로 쫓겨 가야 합니다. 왜냐하면 그는 형제를 대신하는 속죄양이 되었기 때문입니다. 이것은 예수님과 사도적 삶의 연장입니다.

제비뽑기에 의해 두 마리 염소가 뽑혔고, 여호와에 의해 결정된 그것들의 운명은 모든 정화된 영혼들이 사도적 삶의 소명을 받지 않는다는 점을 나타냅니다. 이 두 마리 염소는 각기 다른 제물로서 하나님께 바치기 위해서 하나님에 의해 부름을 받은 두 종류의 사람들을 나타냅니다. 어떤 사람들은 하나님께 몰두함으로써 하나님께 속하며, 하나님은 그들에게 가장 탁월한 은혜, 하나님만을 위해 준비되었으며 조금도 남김없이 하나님께 바쳐야 하는 은혜를 정해 주십니다. 다른 사람들은 선한 행위들—거룩한 활동—을 하도록 예정되었으며, 따라서 거룩하게 삶을 마감하고 하나님에게서 상을 받습니다.

~ 7 ~
길과 진리와 생명

기욘 부인은 "내가 곧 길이요 진리요 생명이니 나로 말미암지 않고는 아버지께로 올 자가 없느니라"(요 14:6)에 대해서 다음과 같이 주석합니다:

예수님 이렇게 말씀하셨습니다:

"나는 너를 인도하는 길이다. 나는 네가 길을 잃도록 버려두지 않을 것이다. 모든 사람들은 이 길로 가야 한다. 왜냐하면 내가 살았던 것처럼 살지 않고서는 아무도 나를 따를 수 없기 때문이다.

이 길로 걸어간 사람은 이 길과 이어지는 진리에 들어갈 것이다. 내가 이 진리이다. 인간인 나는 모든 사람이 따라가야 할 길이며, 말씀인 나는 경청하며 몰입하는 사람을 가르치는 진리이다. 나는 아버지의 참된 표현이므로 진리일 수밖에 없다. 나는 아버지의 지식의 종착점이므로, 필연적으로 아버지의 빛이요 진리이다."

그러므로 우리는 예수 그리스도의 인간적 삶을 따라갈 때에 말씀에 의해서 그분의 진리에 들어갑니다. 어떻게 그곳에 들어갑니까? 아버지께서 "이는 내가 지식의 길에 의해서 사랑하는 아들이니 너희는 그의 말을 들으라"고 가르치셨으므로, 그의 말씀을 들어야 합니다.

그분은 오로지 하나님에 대해서만 말할 수 있는 진리이십니다. 이 거룩한 말씀을 듣고 그의 진리에 들어가는 것은 매우 유익합니다. 인간의 마음은 이 말씀의 진리, 즉 성령을 받아들이도록 되어 있습니다. 인간의 마음에는 두 개의 작은 귀가 있는데, 그것들의 움직임은 완전히 그분의 움직임입니다. 그분은 마치 "나는 움직이기만 하면 듣는다. 그러나 한쪽 귀를 열려면 다른 쪽 귀를 닫아야 한다"고 말씀하시는 듯합니다. 이것은 이 말씀에 대해 귀를 연다는 것은 다른 모든 것에 대해서는 닫혀야 한다는 것을 의미하는 듯합니다. 또 그것은 성령을 받은 후에는 그 안에 이 성령을 보존하기 위해서 자신을 폐쇄합니다. 그러나 동시에 이 성령을 다시 그 주신 분에게 돌려보내기 위해서 자신을 개방합니다. 이것이 사람의 마음이 하는 직무입니다. 보내심을 받는 말씀을 듣는 것이 마음의 의무입니다.

인간이신 예수 그리스도의 길을 걸어 진리이신 예수 그리스도 즉 말씀 안에 들어간 영혼에게는 그분의 생명이 새롭게 유입됩니다. 그 때에 그분은 영혼 안에서 자신을 형성하십니다. 다시 말해서 성육신하십니다. 그러므로 인간이신 예수 그리스도를 따라 말씀이신 진리 안에 들어간 후, 그분은 신인의 상태 안에서 생명을 주기 위해 영혼 안에 들어오십니다. 영혼에게 인간적으로 거룩하고 신적으로 인간적인 생명을 주십니다. 그러한 영혼은 더 이상 자신의 생명을 소유하지 않으며, 그분은 그러한 영혼 안에 거하십니다.

이 모든 것은 신비한 의미로 해석되어야 합니다. 그럼에도 불구하고, 아들로 말미암지 않고는 아버지에게 갈 수 없고,

길이신 아들을 따르지 않는 사람은 구원받을 수 없습니다.

~ 8 ~

다볼산과 갈보리

기욘 부인은 "베드로가 예수께 여짜와 가로되 주여 우리가 여기 있는 것이 좋사오니 주께서 만일 원하시면 내가 여기서 초막 셋을 짓되 하나는 주를 위하여, 하나는 모세를 위하여, 하나는 엘리야를 위하여 하리이다"(마 17:4)에 대해서 다음과 같이 주석합니다:

예수님은 자신의 영광을 증거하기 위해서 세 제자를 선택하시고 그들을 강하게 하여 장래의 고난을 감당할 수 있게 하기 위해서, 그리고 주님이 고난을 당하실 때에 요동하지 않게 하기 위해서, 주님의 부끄러운 죽음 앞에서 분노하지 않게 하려 하셨습니다. 동시에 주님은 영적으로 그들을 하나님께도 데려갔고, 그곳에서 그들에게 말씀의 생명의 지식을 주셨습니다. 그분이 그들에게 자신의 신성에 대한 심오한 지식을 알게 하지 않은 채 매우 특이한 특권에 의해서 자신의 인성의 영광을 계시했다고 생각해서는 안됩니다.

그 때까지 그들은 자기들에게 주어진 특별한 계시 및 베드로의 공개적인 신앙고백에 의해서 예수가 하나님의 아들이요 참 하나님이라는 사실에 만족하고 있었습니다. 그러나 이 세 제자들은 아버지 안에 있는 말씀의 생명과 말씀 안에 있는 아버지의 생명에 대한 보다 깊은 지식을 받았습니다. 그것은 예수 그리스도의 밝은 얼굴과 그 옷의 광채에 의해서 잠시 동안 표현되었습니다. 그 광채는 눈부신 것이었지만 이 새로운 빛 아래 감추어져 있었습니다.

예수님의 생명은 그분의 인격과 관련해서는 그리 특별한 것이 없는 일반적인 생명이었습니다. 그분의 모습이 변한 것은 그것을 식별하기 위한 현상이었으며, 내면에 감추어져 있는 영광을 표면적으로 반영한 것이었습니다.

하나님 안에서 진보한 영혼은 종종 내면에서 일어나는 것을 외면에 반영합니다. 그러나 특히 모든 것을 상실했으며 하나님께서 감추어두려 하시는 대상인 믿음의 영혼들에게는 이런 일이 드뭅니다. 그리고 예수님께서는 이러한 상태를 가장 많이 감수하시면서

포로의 생명 아래 예수님의 참 본성을 감추시고 인간처럼 되시고 사람들의 모습을 취하셨습니다.

또 주님은 모든 사람들이 주님의 삶을 본받게 하며, 모든 것을 양도한 사람들에게 영원한 삶의 은혜와 본보기를 제공하기 위해서 일상적인 방식으로 살아야 하셨기 때문에, 주님의 변모는 단기간에 그쳤습니다. 그런데 그것은 믿음의 삶이요 마음의 삶이지 빛과 조명의 삶이 아닙니다. 이러한 은사들은 일시적인 것이요, 우리가 바라서는 안 되는 은혜입니다.

그러나 예수 그리스도는 그 상태를 완전히 거룩하게 만드셔야 했기 때문에, 변모의 상태를 감당하셨습니다. 이는 그것이 일시적인 은혜와 특별한 조명의 상징이 되게 하기 위해서, 그리고 그것이 하나님께서 말할 수 없는 깨끗함을 가지시고

영혼으로 하여금 하나님께로 오게 하실 때에 영혼 안에서 발생하는 변화의 상태의 본보기가 되게 하기 위해서입니다. 그리고 자아로부터 구원받아 하나님의 수중에 들어가는 영혼은 하나님의 광대함 속에 몰입하기 위해서 자신의 형태를 상실합니다.

그것은 영혼의 깊은 곳에서 발생합니다. 그리고 영혼의 변모가 표면적인 변모로 진행되기 전에 오랫동안 이 상태는 이 신적 생명과 중심 안에 남아있었습니다. 그러나 표면적인 변모로의 이동은 매우 뒤늦게 발생하지만 그 일이 발생할 때에는 예수 그리스도의 옷으로 표현되는 육신은 완전히 천사같은 깨끗함을 소유하게 됩니다. 동시에 예수님의 얼굴이 빛으로 찬란하게 되었던 것처럼, 영혼은 영의 가장 미묘한 부분에서 완전히 빛이 됩니다.

모세와 엘리야가 예수님과 대화한 것은 은혜의 복음에 양보하기 위해서 율법의 엄격함을 폐지한 것이며, 예수 그리스도의 영이 내면적이라는 것 – "율법과 선지자"의 영혼과 생명 – 이라는 증언이었습니다. 그것들은 그것들 안에서 그것들로 말미암아 발생한 모든 것은 단지 모든 깨끗한 영혼들 안에서 예수 그리스도로 말미암아 예수 그리스도 안에서 성취될 것들의 예현에 불과하다는 것을 보여주기 위해서 존재해야 했습니다.

스승의 고난을 막으려 했던 베드로는 주님이 그 상태에 머물게 만들며 자신이 주님과 함께 그곳에 머물기를 간절히 원했습니다. 우리는 베드로가 범한 실수보다 훨씬 큰 잘못과 불충한 일을 많이 범하며, 고난과 죽음의 문제가 있을 때에는 안식과 생명을 구합니다. 또한 갈보리에서 희생해야 할 필요가 있을 때에 다볼 산의 영광을 요구하며, 하나님이 주시는 작은 은사의 행복을 즐기면서 자신을 위로합니다. 그러나 하나님의 은사가 우리로 하여금 그것을 초월하여 오직 하나님만 구하게 만들기 위해서 주어지는 것입니다. 아직 진보하지 못한 영혼이 하나님의 아들의 영광을 어느 정도 받아 누리게 되면 그보다 더 좋은 것은 보지 못하고 항상 그 상태에 머물며 쉬기를 원할 수도 있습니다. 그는 "여기에서 쉬기 위해서 초막을 짓고 평화롭게 살자"고 말합니다. 오, 눈 먼 불쌍한 영혼이여! 그대는 어리석은 말을 한 베드로가 요구했던 것과 같은 것을 요구하고 있습니다. 여기에서 문제는 즐거움에 대한 것이 아니라 십자가에 대한 것입니다.

여기에서 베드로는 영적으로 모든 초심자들처럼 행동했습니다. 그는 옛 법과 새 법을 결합하고 엘리야의 엄격함과 예수 그리스도의 관대함을 결합하면서 모든 것을 유지하고자 했습니다. 그것은 모순입니다. 전자는 후자에게 양보해야 합니다. 우선 이 사람들은 아무것도 잃지 않고 모든 것을 유지하고자 하기 때문에 예수 그리스도의 영에 굴복하지 않습니다.

필요한 것은 예수 그리스도를 위한 초막뿐입니다. 종들은 주인에게 복종해야 하며, 하나님께서 친히 임하려 하실 때에 인간의 모든 방법과 행위는 사라져야 합니다. 예수님의 초막은 조명된 영혼 안에서보다는 십자가에 달린 영혼 안에서 더 크게 만족합니다.

~ 9 ~

하나님 안에, 하나님의, 그리고 하나님을 위해

　하나님이 우리에게 요구하시는 거룩은 하나님 자신과 관련된 거룩입니다. 하나님의 거룩은 하나님 자신 안에 있으며 하나님에 속하며, 하나님을 위한 것입니다. 그러므로 이러한 영혼들의 거룩은 하나님 안에 있으며 하나님의 것이며 하나님을 위한 것이어야 합니다. 그것은 하나님 안에만 있어야 합니다. 그렇지 않으면 그것은 독점적인 것이요 하나님의 것을 강탈할 깃입니다. 하나님에게서 받지 않는 거룩은 거룩이라 부를 수 없습니다. 그리고 그 목적과 중심은 하나님이어야 하며 하나님의 영광에 기여해야 합니다. 그리하여 하나님에게 도착한 영혼은 더 이상 자신 안에, 자신을 위해, 자신의 것을 아무 것도 소유하지 않고, 하나님 안에 몰입함으로써 모든 것을 받습니다. 그리고 그것이 소유하는 것은 자신을 위한 것이 아니며, 자신에게서 나오는 것도 아닙니다. 그러나 모든 것이 하나님에게서 왔듯이, 모든 것은 다시 그곳으로 흘러갔습니다.

~ 10 ~

조심해서 판단하십시오

악한 시선으로 나무를 바라보는 사람들은 그 열매를 악하다고 간주합니다. 나는 위선자라는 비난을 받고 있습니다. 그러나 무슨 증거가 있어 그렇게 비난합니까? 자발적으로 고난을 받으며 사는 것, 세상적인 유익과는 관련이 없이 가난, 박해 중상, 온갖 종류의 고난을 당하여 십자가를 지면서 사는 것은 분명히 이상한 위선입니다. 나는 그러한 위선을 본 사람이 없을 것이라고 생각합니다.

만일 그런 것들이 위선 안에 포함된 주요한 요소들이라면, 정당하게 위선과 관계가 없다고 말할 수 있습니다. 만일 내가 살아있는 동안 주어진 운명을 감당함으로써 온 세상의 왕후가 되거나 성녀로 시성될 수 있다 해도, 내게 주어진 운명을 참고 견디지 않았으리라는 것을 증거해 달라고 하나님께 기도합니다.

나는 세상이 아니라 하나님의 부름을 받았습니다. 나는 복종하지 않을 수 없는 음성을 들었습니다. 나는 하나님만 기쁘시게 하기를 원했고, 하나님이 주실 수 있는 것이 아니라 하나님만 추구했습니다. 나는 하나님의 뜻을 거스르는 일을 행하느니 차라리 죽으려 했습니다.

이것이 박해나 시련을 당해도 변하지 않을 내 마음의 자세입니다.